# 감정노동,
# 그 이름의 함정

김현아

KB161898

# 감정노동, 그 이름의 함정

초판 1쇄 발행 · 2018년  7월 20일
초판 2쇄 발행 · 2019년 12월 10일

지은이 · 김현아
펴낸이 · 한봉숙
펴낸곳 · 푸른사상사

주간 · 맹문재 | 편집 · 지순이 | 교정 · 김수란
등록 · 1999년 7월 8일 제2-2876호
주소 · 경기도 파주시 회동길 337-16 푸른사상사
대표전화 · 031) 955-9111(2) | 팩시밀리 · 031) 955-9114
이메일 · prun21c@hanmail.net / prunsasang@naver.com
홈페이지 · http://www.prun21c.com

ISBN 979-11-308-1355-4     93330
값 18,000원

이 도서의 국립중앙도서관 출판예정도서목록(CIP)은 서지정보유통지원시스템
홈페이지(http://seoji.nl.go.kr)와 국가자료공동목록시스템(http://www.nl.go.
kr/kolisnet)에서 이용하실 수 있습니다.(CIP제어번호 : 2018021781)

여성학 총서 12

# 감정노동
## 그 이름의 함정

김현아

Emotional Labor,
The Trap In Its Name

푸른사상
PRUNSASANG

2000년대 초반 필자가 대학 시절부터 경험한 아르바이트는, 대체로 여성이라면 누구나 쉽게 할 수 있다고 간주되는 서비스직 노동이었다. 그때까지만 해도 한국 사회에는 '감정노동'이라는 말이 널리 통용되지도 않았고, 서비스직 종사자의 고충이 매스컴에 보도되는 것도 드문 일이었다.

그런데 언제부터인가 대중을 경악케 할 만한 몇몇 사건이 연이어 매스컴에 보도되며, 서비스직 종사자의 열악한 근무 실태에 세간의 관심이 집중되었다. 그리고 그것은 '감정노동'이 '갑질 논란'이라는 용어와 함께 급속도로 퍼져나가기 시작한 계기가 되었다. 이제 감정노동이라는 말은 대중에게 더 이상 낯선 용어가 아니다. 때때로 사람들은 일상의 모든 감정 관리 행위까지 감정노동이라는 용어로 부르고 싶어 할 만큼, 감정노동은 대중적 언어로 자리 잡았다.

이러한 과정 속에서 서비스직 종사자는 '감정노동자'라는 새로운 분류 체계로 구분되기에 이르렀다. 법의 사각지대에 있는 감정노동자를 보호해야 한다는 입법안이 지속적으로 발의될 만큼 감정노동에 대한 사회적 관심은 뜨거웠고, 이 과정에서 서비스직 종사자는 보호해야 할 사회적 약자로서 그려지게 되었다.

이 책은 이러한 한국 사회 감정노동 논의의 흐름에 대한 비판의식—실제로는 어딘지 모르게 불편하고 찜찜한 마음—에서 시작된 연구의 결과물이다. '감정노동'이라는 용어가 그동안 필자가 직간접적으로 경험한 다양한 서비스직 노동을 포괄할 수 있는 범주적 개념에 해당하는가에 대한 막연한 의구심은, 현재와 같은 감정노동 논의가 궁극적으로 '여성 노동'에 대한 인식에 어떠한 영향을 미칠 것인가에 대한 물음으로 이어졌다. 필자는 이러한 물음의 해소를 위해 감정노동으로 범주화된 대표적 직군인 콜센터 상담원의 구체적 노동 과정을 살펴보았고, 이를 통해 실질적 서비스 노동과 감정노동 간의 관계를 확인할 수 있었다.

부족하나마 이러한 고민의 과정을 통해 도출한 본 연구의 결과가 여성 다수에 의해 수행되는 서비스직 노동에 대한 왜곡된 이해를 바로잡는 작업의 일환으로 이해되고 또 활용될 수 있기를 바란다.

그리고 이 책은 필자의 학위 논문인 「'감정노동' 개념의 오용과 재평가에 관한 연구 : 콜센터 노동 사례를 중심으로」를 일부 수정하여 수록한 것임을 밝힌다. 대학원에서 조순경 선생님을 스승으로 만나 여성 노동의 다양한 이슈들을 공부했고, 내가 가진 막연한 물음들을 학문적 호기심으로 연결하여 풀어내는 방법을 배울 수 있었다. 선생님의 지도를 받을 수 있었던 것은 크나큰 행운이었다. 진심으로 존경하고 감사드린다. 또한 콜센터 취업 과정부터 연구 과정의 전반을 묵묵히, 때로는 호기심 있게 지켜봐주시고 지원해주신 부모님께 감사의 말씀을 전한다. 그리고 사랑하는 현주 언니와 형부, 나의 보물 채안이, 소울메이트 해미 언니, 소중한 평생지기 친구들, 든든한 동반자 성훈 오빠에게도 역시 고맙다는 말을 전하고 싶다. 마지막으로 내가 지금까지 해본 가장 '어려운' 일을 거뜬히 해내었던 콜센터에서 만난 친구들에게도 고마움과 응원의 메시지를 전하며, 이 책이 그들에게 작은 선물이 될 수 있기를 바란다.

2018년 7월

김현아

# 차례

# 차례

제1장

# 감정노동 다시 보기

Emotional Labor,
The Trap In Its Name

# 1. 감정노동, 다시 봐야 하는 이유

한때는 생경하게 들렸던 감정노동이라는 말은, 이제 한국 사회에서 더 이상 낯선 단어가 아니다. 감정노동으로 인한 서비스직 종사자의 고충은 다양한 형태로 매스컴에 보도되며 가시화되었고, 이들이 당면한 문제의 심각성은 공론화되었다. 이에 따라 2014년에는 근로기준법상 근로의 정의에 감정노동을 명시해야 한다는 입법안[1]이 발의되었을 만큼 감정노동에 대한 사회적 관심은 뜨겁게 이어졌다.

감정노동이란, 미국의 사회학자 혹실드(Hochschild, 1983)에 의해 처음 개념화된 용어로, "개인이 자신의 기분을 다스려 조직에서 요구하는 적합한 표정이나 신체 표현을 외부로 드러내는 것"을

---

1 근로기준법 일부개정법률안(의안번호 1911344), 2016년도 임기만료폐기.

뜻한다. 혹실드는 육체노동이나 정신노동만을 노동의 범주로 간주하던 과거와는 달리, 현재는 감정도 하나의 자원으로써 판매되기에 이르렀음을 밝히고 이러한 감정노동은 특히 '여성적' 특성이라 간주되던 공감과 배려, 돌봄과 같은 마음 노동들의 집약체임을 강조한 바 있다. 따라서 감정노동을 수행하는 직군에는, 여성적 성품을 지녔다고 여겨지는 여성들이 집중적으로 진출하고 있으며 그녀들의 여성적 성품과 감정은 훈련되는 것이 아닌, 자연히 발현되는 것으로 여겨져 전문적 분야로 간주되지 못하고 있음을 지적한 바 있다. 혹실드는 항공기 승무원 사례를 통해 이들이 육체노동과 정신노동을 하는 과정에서, 자신의 피로감과 짜증을 감추고 인간적인 미소를 지어 승객을 배려함으로써 '또 하나의 노동'을 수행한다고 밝히고, 이것을 '감정노동'이라 지칭하였다(Hochschild, 1983).

감정노동이라는 새로운 명명(命名, naming)은 곧 노동 개념의 확장으로도 이해될 수 있다. 그리고 이와 같은 노동 개념의 확장은 여성 노동 문제에 있어 무척 중요한 사안이다. 남성중심적으로 구축된 노동시장 안에서, 숨겨져 있던 여성 노동의 내용을 드러내고 이에 대한 인식의 제고와 가치의 재평가를 촉구하기 위한 전략적 시도가 될 수 있기 때문이다.

탈산업사회에서 서비스산업은 급성장했고 이 분야에서의 고용은 주로 여성 인력을 중심으로 이루어졌다. 그러나 이 분야의 일

자리는 여성들에게 높은 임금과 안정된 고용을 보장해주지는 못했다. 이러한 현상은 과거 가정 안에서 여성의 무임노동으로 해결되었던 많은 일들이 시장 경제로 유입된 것과 무관하지 않다. 전통적 여성의 성 역할과 비슷한 많은 일들은 시장 안에서도 다시한 번 여성들에 의해 수행되었고, 이렇게 여성으로 채워진 일자리는 여성이라면 누구나 할 수 있는 저숙련, 저임금의 노동으로 인식되었다. 이러한 여성 집약적 노동의 열악한 근무 조건과 근무환경의 문제는 비단 어제 오늘만의 일은 아닐 것이다.

매스컴 보도는 물론이고 각종 학술적 연구를 비롯해 다양한 정책 입안의 시도에 이르기까지, 감정노동으로 인한 서비스직 종사자의 고충은 최근 몇 년간 한국 사회에서 다양한 형태로 가시화되었다. 한국 사회는 이와 같은 감정노동의 가시화를 통해 그동안은 보이지 않았던 서비스직 종사자들의 고충을 집중 조명하며 감정노동으로 인한 직무 스트레스와 소진에 대한 심각성을 공론화하는 성과를 거두었다. 그러나 이와 같은 방식의 감정노동에 대한 가시화는, 사실상 악성 고객과의 대면에서 오는 노동자들의 직무 스트레스에만 그 초점이 맞추어져 있어, 서비스직 종사자들이 부담하는 상당 부분의 정신·육체 노동이나 여기에 반(反)하는 열악한 근무 환경을 보이지 않게 만드는 딜레마를 낳았다. 노동 개념의 확장은 그 노동에 대한 인식의 제고, 즉 평가절하된 노동에 대한 가치의 재평가로 이어져야 한다는 것을 염두에 둘 때, 한국 사회에서 감정노동의 가시화 방식은 이와 같은 반향을 일으키기에는 부족했다. 서비스직 종사자의 직무 요소 중 하나인 감정노동이 이들의 직무 혹은 해당 직종을 지칭하는 용어로 호도되어 사용됨으로써 '감정노동자'로 통칭되는 서비스직 종사자들이 담당하는 상당 부분의 정신·육체 노동 및 이들의 직무 전문성은 오히려 비가시화되었기 때문이다. 애초에 혹실드(Hochschild, 1983)는 현대 사회의 대다수 직무를 구성하는 주된 노동 요소 중 하나로 감정노동을 꼽았으나 한국 사회에서는 이러한 감정노동을 수행하는 대표적 직종과 해당 종사자들을 각각 '감정노동'과 '감정노동자'로 통칭함으로써, 이들에 대한 왜곡된 이해를 양산하고 있는 것이다.

감정노동 개념화 및 가시화를 통해 이룬 다양한 성과에도 불구하고, 감정노동 개념의 잘못된 사용은 오히려 여성 노동에 대한 왜곡된 이해를 낳고 평가절하의 고착화와 그로 인한 여성 노동 문제의 고질적 악순환[2]을 반복시킬 수 있다는 점에서 좀 더 주의 깊은 접근이 필요하다. 최근 한국 사회에서 감정노동의 쟁점은, 주로 악성 고객으로부터의 언어폭력과 폭행, 성희롱에 대한 노출이

---

2 노동시장 내 여성 집중 직종에 대한 낮은 평가는, 여성 노동력 자체에 대한 평가절하를 양산한다. 그리고 여성 노동력에 대한 낮은 평가는 또다시 직무 내용에 상관없이 그 직무를 수행하는 사람의 성별에 따라, 즉 여성들이 수행하는 업무(직무) 자체에 대한 평가절하를 재생산한다. 해당 논의는 조순경(1996), 김미주(1988, 2000), 정경아(2000)의 논문 참조.

라는 서비스직 종사자의 단편적인 모습에 관한 것이다. 더욱이 미디어에서 출발한 이 같은 감정노동 개념의 오용이, 학술 연구나 법적 논의로까지 무분별하게 확산됨으로써 감정노동 자체와 서비스 노동의 직무 전반에 대한 왜곡된 이해가 양산되고 있다. 그러나 이와 같은 감정노동의 개념으로는 해당 직종 직무의 '비전문성'에 대한 오해를 풀 수 없고 따라서 이 분야의 노동자들에 대한 근본적 처우 개선 역시 이룰 수 없을 것이다.

따라서 이 책에서는 첫째, 혹실드로부터 시작된 감정노동 개념과 개념화의 의의를 되짚고, 둘째, 이와 같은 개념이 만들어지게 된 사회적 배경을 살핌으로써 한국 사회에서 감정노동의 개념이 당초의 맥락에 맞게 구축되고, 또 사용되고 있는지를 확인하고자 한다. 그리고 셋째, 감정노동으로 범주화된 대표적 직종인 '콜센터 상담원'의 구체적 노동 과정을 살핌으로써 실질적 서비스 노동과 감정노동 간의 상관관계를 밝히고, 넷째, 한국 사회 감정노동 개념 오용의 결과를 확인한다. 그리고 다섯째, 더 나아가 감정노동 개념이 서비스 노동의 가치를 재평가할 수 있도록 하는 유용한 개념으로 자리 잡고 또 사용되기 위해서는 어떠한 조건이 필요한지를 확인하고자 하였다.

이러한 연구의 목적을 위해, 제1장에서는 필자의 연구 물음을 공유하고, 연구 대상 및 연구 방법 등을 소개한다. 이어서 제2장에서는 독자의 감정노동에 대한 이해를 돕기 위해 초기 혹실드의 논의 및 이로부터 영향을 받아 진행된 국내외 선행연구들을 소개하였다. 그리고 제3장에서는 국내 출판 서적 및 신문 기사, 법률안 등을 분석의 대상으로 하여 한국 사회에서 통용되는 '감정노동' 및 '감정노동자'의 개념과 그 쓰임 사례를 살펴보았다. 이를 통해 한국 사회의 감정노동 개념이 실제 서비스 노동에 대한 왜곡된 이해를 양산하는 과정을 드러내고자 하였다. 이어서 제4장에서는, 감정노동으로 범주화된 대표적 직종인 콜센터 상담원의 사례 연구를 통해, 서비스 산업 종사자의 구체적인 노동 경험을 제시하였다. 이를 통해, 감정노동이라는 개념이 대다수 서비스 산업 노동의 직무를 포괄할 만 한 정당한 '범주적' 개념인가에 대한 물음을 해소하였고, 더 나아가 제5장에서는 이러한 감정노동 개념의 오용이 서비스 노동에 대한 이해에 미친 영향을 확인하였다. 마지막으로 제6장에서는 한국 사회 감정노동 논의의 나아갈 방향을 제시하였다.

# 2. 감정노동, 다시 보는 방법

## 1) 연구 대상

앞서 밝힌 바와 같이, 본 연구는 한국 사회에서 통용되는 감정 노동 개념이 오히려 감정노동으로 일컬어지는 해당 직종에 대한 왜곡된 이해를 양산하고 있다는 문제의식에서 출발한다. 다시 말해 현행의 감정노동 개념은, 감정노동의 개념화를 통해 이룬 다양한 성과에도 불구하고, 여성이 집중적으로 진출하고 있는 서비스 산업 직종 전반에 대한 낮은 평가를 재생산한다는 점에서 그 한계가 있다.

앞서 밝힌 연구 물음의 해소를 위해, 이 책에서는 먼저 초기 감정노동 개념을 확인하고 혹실드 이후 한국 사회 감정노동 논의의 흐름에 대해 소개한다. 그리고 국내 출판 서적 및 신문 기사, 법률안 등을 분석의 대상으로 하여 현재 한국 사회에서 통용되는 '감정노동' 및 '감정노동자'의 개념을 살펴보기로 한다. 이러한 과정을 통해 한국 사회의 감정노동 개념이 실제 서비스 노동에 대한 왜곡된 이해를 생산해내는 과정을 드러내고자 하였다. 또 현행 감정노동 개념의 문제점을 드러내기 위해서, 실질적 서비스 노동과 감정노동 간의 관계를 규명하고자 하였다. 이를 위해 감정노동으로 범주화된 대표적 직종인 콜센터 상담원의 사례 연구를 통해, 서비스 산업에 종사하는 여성의 구체적인 노동 경험을 살펴보고자 한다. 이 과정을 통해, 감정노동이라는 개념이 대다수 서비스 산업 노동의 직무를 포괄할 만한 정당한 '범주적' 개념인지를 확인하고, 나아가 한국 사회 감정노동 개념의 확산이 어떠한 딜레마를 낳았는지를 확인하고자 한다.

이 연구는 감정노동으로 분류되는 대표적 직군인 콜센터 상담원을 연구의 대상으로 한다. 콜센터 상담원은 첫째, 여성 집중 직종이고, 둘째, 감정노동 수행 정도가 높으며,[3] 셋째, '일대일로 통

---

3  한국직업능력개발원은 「한국의 직업지표 연구」(2012)에서, '감정노동을 많이 수행하는 직업 30선'을 소개하고 있다. 여기에는 항공기 객실 승무원(1위), 홍보 도우미 및 판촉원(2위), 통신서비스 및 이동통신기 판매원(3)위, 장례상담원 및 장례지도사(4위), 아나운서 및 리포터(5위), 음식 서비스 관련 관리자(6위), 검표원(7위), 마술사(8위), 패스트푸드원(9위), **콜센터 상담원**(10위), 미용사(11위), **텔레마케터**(12위), 출납창구 사무원(13위), 응급구조

화하고 '고객 감동을 추구하며' '세분화된 평가 항목을 통해 조직의 통제를 받는다'는 점에서 혹실드(Hochschild, 1983)가 제시하는 감정노동의 세 가지 조건을 충족하고,[4] 넷째, 한국 사회 감정노동 논의에 빈번히 언급되었으나 아직 구체적 노동 경험이 드러나지 않았다는 점에서 본 연구의 대상으로 적합하다.

### (1) 콜센터 산업[5]

콜센터 산업은 대표적인 신산업부문의 하나로, 정보통신기술의 발달과 서비스 산업의 확장으로 인해 대부분의 선진 경제에서 급속히 확산되어왔다. 한국 사회에서 콜센터는 1990년대 초반, 서구 국가들과 마찬가지로 금융(은행, 신용카드, 보험, 증권 등)과 통신 부문에서 가장 먼저 등장하였으며 이후 유통업(홈쇼핑과 인터넷쇼핑) 및 제조업, 공공 서비스 부문 등 다양한 산업 부문으로 확대되었다(이병훈, 2006 : 2~3). 초창기 콜센터는 소비자의 단순 문

---

사(14위), 간호사(15위) 등이 포함된다(한상근 외, 2012 : 254).

4  혹실드는 감정노동을 필요로 하는 직업은, 첫째, 사람들을 직접 상대하거나 일대일로 통화를 하고, 둘째, 다른 사람에게 '감사'나 '두려움' 같은 특정 감정 상태를 만들어내야 하며, 셋째, 조직이 근로자의 감정적 활동에 통제력을 행사한다는 공통된 특징을 갖는다고 밝힌 바 있다.

5  한국표준산업분류 : 콜센터 및 텔레마케팅 서비스업(분류번호 : 75991).

의를 해결해주는 곳이라고 알려져왔으나, 최근에는 그 역할과 기능이 확대되어 제품과 서비스에 대한 상세 문의는 물론, 소비자의 다양한 요구를 해결하고, 더 나아가 판촉 활동에 이르는 다양한 서비스가 생산되는 곳이 되었다(그린텔 외, 2010). 이러한 콜센터는 한국 사회에서 콜센터, 고객(지원/상담)센터, 컨텍센터, CRM(Customer Relations Management)센터, 소비자보호실, 텔레마케팅센터 등 다양한 명칭으로 불리며 소비자 문의가 많은 다양한 산업 부문에서 구축, 운영되고 있다(국가인권위원회, 2008).

콜센터는 업무의 유형에 따라 인바운드(Inbound, 착신) 콜센터와 아웃바운드(Outbound, 발신) 콜센터, 이 두 업무를 동시에 수행하는 혼합형(Blending) 콜센터로 나뉜다. 콜센터 업무 유형의 비중은 상담원 수를 기준으로, 인바운드콜 84.1퍼센트, 아웃바운드콜 14.5퍼센트, 혼합콜 업무가 1.4퍼센트를 차지하고 있다(한상록 외, 2010).

한편 콜센터의 산업 규모나 종사자 규모에 대해서는 정확한 통계 자료가 없기 때문에, 현재로서는 대략적인 추정만 가능한 실정이다. 한국콜센터산업정보연구소는 콜센터 운영기업의 전체 상담원 수를 2002년 25만 명에서, 2007년에는 40만 명(연 성장률 12% 추정)까지 늘어날 것이라고 예상하였고(한국콜센터산업정보연구소, 2004), 국가인권위원회는 2008년 기준 콜센터 종사자 수는 적게는 30만 명에서 많게는 100만 명까지 추산된다고 밝힌 바 있다

(국가인권위원회, 2008). 이처럼 콜센터 종사자 규모에 대한 정확한 파악이 어려운 이유는, 신고를 하지 않고 영업하는 일시적 텔레마케팅 업체가 많은 데다(국가인권위원회, 2008), 다양한 산업 부문에서 고용된 콜센터 상담원의 상당수가 다양한 직업분류로 분산 집계되었을 가능성 때문이다.

[표 1] 콜센터 상담원의 성별 비율(2009년)[6]

| 직업세분류<br>(세분류코드) | 종사자 수<br>(천 명) | 남성 비율<br>(%) | 여성 비율<br>(%) |
|---|---|---|---|
| 고객 상담 및 모니터 요원*<br>(0282) | 119.0 | 21.9 | 78.1 |
| 텔레마케터**<br>(1034) | 39.4 | 7.4 | 92.6 |

주　* 직업중분류상 '경영, 회계, 사무 관련직'으로 구분됨.
　　** 직업중분류상 '영업 및 판매 관련직'으로 구분됨.

한국고용정보원에서 제공하는 '산업·직업별 고용 구조 조사'[7]

---

6　한국고용정보원(http://survey.keis.or.kr/)의 '산업·직업별 고용 구조 조사(Occupational Employment Statistics, OES)'에서 제공하는 '2009년 직업 지도(Job Map) 원본 자료' 재구성.

7　'산업·직업별 고용 구조 조사(Occupational Employment Statistics, OES)'는 2010년부터 통계청의 '지역별 고용조사'로 통합되어 조사되고 있다. 그러나 2010년 이후의 '지역별 고용조사'는 직업 세분류 수준이 아닌, 소분류 수준의 조사로 한정되어 있어 여기에서는 인용하지 않았다.

에 따르면, 콜센터 상담원의 여성 비율은 78~92%에 육박한다. 그러나 위 자료는 콜센터 상담원의 대략적 성별 비율을 짐작하게 하는 수치일 뿐, [표 1]에서 제시되는 종사자의 숫자가 2018년도 현재 콜센터 상담원의 현황을 반영한다고 보기는 어렵다. 앞서 밝힌 바와 같이 '콜센터 및 텔레마케팅 서비스업(한국표준산업분류: 75991)' 종사자와 관련한 별도의 분리된, 최근의 통계가 존재하지 않기 때문이다. 위 자료 역시 텔레마케터(세분류코드 1034)에, 전화로 보험 설계 및 가입을 유도하는 보험사 텔레마케터들이 '보험 설계사 및 간접 투자증권 판매인(세분류코드 0330)'으로 분산 집계됨으로써 누락되었을 가능성이 있다. 더욱이 최근 통합, 시행되는 '지역별 고용조사'에는 콜센터 상담원만 별도 집계한 세분류 차원의 통계가 존재하지 않는다. 단지 [표 1]의 자료를 통해 확실히 알 수 있는 것은 콜센터 상담원의 대다수가 여성으로 구성되었다는 것이다.

콜센터의 산업 규모나 종사자 수에 대한 정확한 집계가 어려운 만큼, 콜센터의 고용 구조를 확실히 알 수 있는 통계도 부족하다. 다만 이병훈 외(2006년)는 직영 콜센터의 비정규인력과 아웃소싱 콜센터의 인력을 합칠 경우 전체 콜센터 고용 인원의 93퍼센트가 비정규 취업 형태로, 콜센터 고용의 주된 특성은 '비정규직화'[8]임

---

8  콜센터의 비정규직 유형 또한 다양하다. 직접 고용된 비정규직으로는 장

**제1장** 감정노동 다시 보기

을 지적한 바 있다.

## (2) 희망카드 콜센터[9]

연구 대상 기관인 희망카드 콜센터는 희망카드사가 아웃소싱 전문기업에 아웃소싱의 형태로 위탁한 고객센터이다. 희망카드는 국내 종합금융그룹 중 하나인 희망그룹이 2000년대 출범한 카드사로, 한국생산성본부가 선정하는 국가브랜드경쟁력지수(NBCI) 및 브랜드스탁이 주관하는 대한민국 하이스트 브랜드에서 매년 높은 순위를 차지하는 국내 유명 기업이다. 또 금융감독원 민원발생 평가 결과 1등급(우수) 판정을 받으며 높은 서비스품질지수를 달성한 기업이기도 하다. 희망카드사는 고객 접점 업무를 담당하는 고객센터의 운영을 위해 다수의 아웃소싱 회사에 콜센터를 위탁함으로써 높은 서비스 품질을 유지하고 있다. 이는 카드사가 저비용으로 높은 고객 만족 목표를 달성하는 방식 중 하나로, 카드사는

기계약직과 단기계약직, 분리직군제로 운영되는 무기계약직 등이 있고 간접고용으로는 파견직과 도급직(아웃소싱)이 있다(국가인권위원회, 2008).

9 금융사 콜센터는, 고객의 개인정보를 취급하고 민원을 처리하는 업무의 특성상, 회사 정보에 대한 보안이 매우 철저하게 지켜지는 산업 분야이다. 따라서 본 연구를 위해 수집한 정보들은, 독자의 이해를 방해하지 않는 선에서, 일부 각색의 과정을 거쳐 연구 대상 기관이 식별되지 않도록 하였으며 기관명 또한 익명으로 처리하였다.

아웃소싱 업체들의 실적 평가를 통해 매년 도급비를 재산정하고, 아웃소싱의 연장 계약 여부를 결정한다. 현재 희망카드 이외에도 다양한 금융권에서 이와 같은 방식으로 콜센터를 운영하고 있다.

한편 해당 콜센터의 아웃소싱 업체는 대한민국 100대 아웃소싱 기업[10]으로 선정된 바 있는, 아웃소싱 전문 제공 기업이다. 2008년 희망카드사의 우수 협력업체로 선정된 바 있으며, 현재 희망카드 이외에도 다양한 금융사의 콜센터를 위탁 운영하고 있다.

희망카드 콜센터는 희망카드사가 운영하는 고객센터 대표번호의 인바운드 상담 업무를 주로 수행하는 곳으로, 해당 지점에 소속된 상담원 수만 100여 명에 달한다. 희망카드 콜센터 지점은, 희망카드사가 아웃소싱하여 운영하는 다수의 아웃소싱 업체 중 3개 업체가 한 건물에 상주하며 동일한 대표번호의 인바운드 상담 업무를 수행하고 있다. 같은 건물 내 별도의 분리된 공간에서 근무하는 3개 업체의 상담원들은, 신입사원 교육이나 가끔씩 이루어지는 전체 교육을 제외하고는 교류의 기회가 없지만 모두 동일한 업무를 수행하고 있다.

희망카드 콜센터 상담원들은 [그림 1][11]과 같이 타 위탁업체와 공

---

10 '대한민국 100대 아웃소싱기업'은 아웃소싱타임스가 매년, 아웃소싱 전문 기업 1000개사를 대상으로 16개 기준을 가지고 선정한다.

11 [그림 1]에서 살펴볼 수 있는 바와 같이, 콜센터에는 대체로 '흡연실'이 필수적으로 마련되어 있다. 희망카드 콜센터의 경우, 상담원들의 공간 이동

간을 분리해 같은 건물에서 근무하고 있다.

[그림 1] 희망카드 콜센터 공간 사용 현황[12]

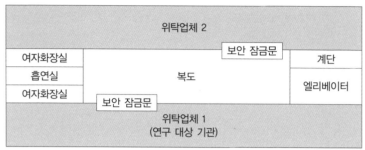

및 휴게 시간의 제약에 따라 흡연실은 층마다 구비되어 있으며, 여성 다수
라는 콜센터의 특성상 2개 층에 걸쳐 남자 화장실은 1개만 구비되어 있음
을 알 수 있다.

12 필자 작성.

## 2) 연구 방법 및 과정

　감정노동에 관한 기존의 연구들에서 나타나듯, 질적 연구 방법은 감정노동과 감정노동 결과 간의 상관관계를 밝히는 데 자주 활용되는 양적 연구 방법의 한계를 보완하여 노동의 수행 과정에서 발생하는 문제들을 보다 세밀히 드러낼 수 있다는 장점을 갖는다. 감정노동 연구에 있어 양적 연구 방법은, 감정노동의 수행이 직무 소진, 감정적 부조화, 이직, 직무 만족도 등에 미치는 영향을 밝히는 데 주로 사용되는데, 이는 감정노동에 얽힌 다양한 사회 구조적 문제를 드러내지 못하며, 서비스 산업 노동에 대한 단편적 이해만을 가능하게 한다는 한계를 지닌다.

　한편 노동 경험에 대한 구체적 기술을 필요로 하는 본 연구에 있어서 가장 필요한 것은 참여관찰이었다. 질적 연구 방법 중에서도 참여관찰법은, 노동의 과정을 가장 구체적으로 드러내줄 수 있는 연구 방법이며, 기존의 콜센터 상담원에 관한 연구의 한계를 가장 잘 보완해줄 수 있는 연구 방법이기도 하다. 참여관찰법은 연구자의 사전 지식 정도나 기존 통념의 내면화 정도에 의해 그 내용의 깊이가 크게 달라질 수 있는 설문조사법 및 심층면접법의 한계를 효과적으로 보완해주기 때문이다.[13]

---

13 연구 물음의 해소 및 콜센터 상담원의 구체적 직무 분석을 위해 '참여관찰'

참여관찰은 아래의 과정으로 진행되었다.

필자는 먼저 취업 알선 인터넷 사이트를 통해 구인 정보를 탐색하였으며, 통신사 및 금융사의 인바운드 업무를 중심으로 정보를 열람하였다.[14] 콜센터 업무는 걸려오는 고객의 전화를 받아 상담하는 인바운드 업무와, 고객에게 전화를 걸어 정보 전달 및 판촉 행위를 하는 아웃바운드 업무로 나뉜다. 그중 인바운드 업무는 콜센터 업무의 대다수를 차지하며(이병훈 외, 2006; 한상록 외, 2010) 그 특성상 아웃바운드 업무에 비해 상담 지식이 많이 필요하기 때문에 연구의 대상으로 적합하였다.

콜센터의 구인 공고는 인터넷 구직 사이트를 통해 손쉽게 찾아볼 수 있었다. 구직 사이트에는 금융사와 통신사, 홈쇼핑 등 다양한 분야의 콜센터 구인 공고가 게재되어 있었으며, 같은 금융사의 고객 상담 업무라 하더라도 채용 회사의 이름이 다양하게 올라와 있는 것을 통해 아웃소싱이라는 대다수 콜센터의 채용 형태를 짐

---

은 필연적인 연구 방법이었다. 그러나 연구 대상 기관의 정보 보호를 위해 참여관찰의 대상 기업을 식별할 수 있는 구체적 정보는 수록하지 않았으며, 본 연구의 참여자들이 이 연구로 인해 어떠한 위험 요인에도 노출되지 않았음을 밝힌다.

14 이병훈 외(2006)는 금융(은행, 신용카드, 보험, 증권 등) 및 통신 산업이 콜센터 활용의 선도 역할을 하였으며, 콜센터 업무의 대다수는 인바운드 업무에 치중되어 있음을 밝힌 바 있다(이병훈 외, 2006).

작할 수 있었다. 콜센터의 규모를 고려해 이름만 들으면 알 수 있는 대형 카드사를 참여관찰 대상으로 선택하였다.

이메일을 통한 구직 지원서 접수 후, 간단한 면접을 거쳐 업무 교육을 수강할 수 있게 되었다. 3주(15일, 120시간) 동안의 업무 교육이 끝난 후, 필기 및 전산 테스트를 거쳐 최종 합격 통보를 받은 뒤, 정식 채용되어 3개월간 근무하며 참여관찰하였다. 3개월이라는 시간은, 신입 직원에게 부여되는 혜택을 연구의 내용에서 최대한 배제하기 위한 최소한의 선택이었다. 신입 직원에게 부여되는 혜택이라 함은, 실적 압박에 대한 자유 및 경력에 따른 평가 항목의 차이, 초기 정착 지원을 위한 추가적인 교육 및 휴식 시간의 부여 등이었다.

첫 한 달은 '초급'으로 분류되어 고객정보 변경 및 실시간 결제와 같은 비교적 단순 업무가 할당되었고, 2개월부터는 '중급'으로 분류되어 '일반콜'을 소화하되 인입되는 콜 수를 조절해 적게 받았으며, 3개월부터는 '일반'으로 분류되어 인입되는 모든 콜을 소화했다. 이 과정에서, 수행하는 업무 및 업무 교육, 테스트, 동료들과의 대화, 상사와의 면담, 사내의 분위기 등 모든 것이 관찰과 분석의 대상이 되었다.

그러나 개인정보를 다루는 금융사의 특성상 업무 정보 및 관련 문건에 대한 외부 유출이 엄격히 관리되었기 때문에 부족한 자료는 동료 및 상사와의 일상적 대화, 참여관찰 종료 이후 진행한 인터뷰와 문헌 연구를 통해 보완하였다. 인터뷰 자료와 문헌 자료는 자료 수집의 한계 및 특정 사례에 치중할 수 있는 참여관찰법의 한계를 효과적으로 보완해주었다. 참여관찰 종료 이후 필자가 만난 면접자의 인적 특성은 [표 2]와 같다.

[표 2] 면접자의 인적 특성

| 사례* | 연령 | 성별 | 현재 소속 (업무 유형) 업체 이름 | 고용 형태 | 과거 콜센터 경력 (업무 유형) |
|---|---|---|---|---|---|
| 사례 1 | 20대 후반 | 여 | 카드사 콜센터 (인바운드) 소원카드_위탁업체A | 아웃소싱 | • 카드사 콜센터(인바운드) : 희망카드 포함 • 쇼핑몰 콜센터(인바운드) |
| 사례 2 | 30대 초반 | 남 | 카드사 콜센터 (인바운드) 소원카드_위탁업체A | 아웃소싱 | • 보험사 콜센터(아웃바운드) • 카드사 콜센터(인바운드/혼합콜) : 희망카드 포함 |
| 사례 3 | 30대 초반 | 여 | 보험사 콜센터 (인바운드) 행복생명 | 자회사 | • 보험사 콜센터(인바운드) • 카드사 콜센터(인바운드) : 희망카드 포함 |
| 사례 4 | 30대 초반 | 여 | 카드사 콜센터 (인바운드) 소원카드_위탁업체B | 아웃소싱 | • 쇼핑몰 콜센터(인바운드) |
| 사례 5 | 30대 초반 | 여 | 카드사 콜센터 (인바운드) 소원카드_위탁업체B | 아웃소싱 | • 통신사 콜센터(아웃바운드) • 보안업체 콜센터(인바운드) • 보험사 콜센터(아웃바운드) • 쇼핑몰 콜센터(인바운드) |

주* 사례 1, 2, 3은 필자와 희망카드 콜센터의 입사 동기로 참여관찰 당시 모두 함께 근무하였으며, 인터뷰를 한 시점에는 모두 다른 콜센터로 이직한 상태였다.
사례 1, 2, 4, 5는 인터뷰 당시 모두 소원카드사의 콜센터에 근무 중이었는데, 그

중에서도 사례 1, 2는 소원카드사의 아웃소싱 업체 중 A기업에서 근무 중이었다. 한편 사례 3은 인터뷰 당시 보험사의 콜센터에서 근무 중이었으며, 해당 콜센터는 자회사 형태로 운영되어 아웃소싱 콜센터와 중요한 비교군이 되어주었다.

사례 4, 5는 희망카드 콜센터에서 필자 및 사례 1, 2, 3과 동일한 신입사원 업무교육을 수료했으나, 최종 채용되지 못했다.

사례 4, 5는 인터뷰 당시, 소원카드사의 아웃소싱 업체 중 B기업에 함께 입사하여 근무 중이었다.

# 감정노동 이해하기

Emotional Labor,
The Trap In Its Name

# 1. 감정노동이란?

그동안 인간의 '감정(emotion)'을 설명해내기 위한 다양한 학술적 시도들이 있어왔지만, '자신의 감정을 적극적으로 관리하는 일'을 공적 영역에서의 노동과 결부시켜 설명해낸 최초의 학자는 혹실드(Hochschild, 1983)였다. 혹실드는 감정의 상업적 활용과 그로 인한 감정 소외의 문제를 현대사회의 감정에 관한 주요 쟁점으로 제시한다. 『관리된 마음 : 인간감정의 상품화(The Managed Heart: Commercialization of Human Feeling)』[1]라는 저서의 제목에서 알 수 있듯, 혹실드는 마음을 '자연스러운 것'으로 여겨왔던 기존의 통념이 현

---

1 Hochschild, Arlie(1983), *The Managed Heart: Commercialization of Human Feeling*의 한국어판 제목은, 『감정노동 : 노동은 우리의 감정을 어떻게 상품으로 만드는가』(이가람 역, 서울 : 이매진, 2009)이다.

대사회에서 더 이상 유효하지 않음을 밝히고자 하였다.

혹실드는 개인이 자신의 기분을 다스려 조직에서 요구하는 적합한 표정이나 신체 표현을 외부로 드러내는 것을 '감정노동(emotional labor)'이라 지칭하고, 이러한 감정노동을 임금을 받고 판매되는 교환가치(exchange value)를 지닌 노동의 요소로 규정함으로써 사적 영역에서 사용가치(use value)를 지닌 '감정 관리(emotion management)'와 구분 지었다(Hochschild, 1983 : 21). 또 감정노동의 구성 요소를 표면행위(surface acting)와 내면행위(deep acting)로 구분지어 정의함으로써 감정노동에 들어가는 노력을 보다 세밀히 드러낸다.[2] 이러한 명명(命名, naming)을 통해 혹실드는 그동안 개인이 감정노동에 쏟는 노력과 비용이 비가시화되었던 측면을 지적하고, 공적 영역 안에서 감정노동이 어떻게 작동하고 있는지를 밝힌다.

특히 혹실드는 전통적 방식으로 여성에게 익숙한 개인적 차원의 감정 관리가 공적 영역으로 나왔을 때 나타나는 현상, 즉 감정노동의 젠더 관계에 주목하였다. 이는 단편적으로 감정노동이 필요한 직업에 여성이 집중적으로 진출해 있다는 점만 보더라도 쉽

---

2 혹실드는 조직에서 요구하는 감정을 겉으로 드러나는 표정과 제스처를 통해 표현하는 것을 '표면행위'로, 조직에서 요구하는 감정을 '마치 정말로 그런 것처럼' 느끼는 내적 상태를 '내면행위'로 정의하였다(Hochschild, 1983).

제2장 감정노동 이해하기

게 알 수 있는데, 혹실드가 『관리된 마음 : 인간감정의 상품화(*The Managed Heart: Commercialization of Human Feeling*)』, 이 책을 쓰던 당시(1970년대) 미국 노동자의 3분의 1 정도는 꽤 높은 수준의 감정노동이 필요한 직업을 가지고 있었다. 그렇지만 남성이 종사하는 직업 중 감정노동을 포함하는 직업은 4분의 1 정도뿐이고, 여성이 종사하는 직업에서는 그 비율이 절반을 넘었다. 따라서 혹실드는 감정노동에 대한 연구는 특히 '여성의 경험'과 더 밀접한 관련이 있다고 보았다(Hochschild, 1983 : 27, 217).

혹실드는 현대사회에는 정신노동, 육체노동으로는 설명할 수 없는 새로운 유형의 노동(고객에게 직·간접적인 서비스를 전달하는 노동)이 중요해지고 있으며, 이때 수행하게 되는 감정노동은 서비스업의 특성상 사람들과의 관계 속에서 설계되어 위에서부터 철저히 관리된다는 점에서 기존의 노동과 차별화되는 속성을 지닌다고 보았다(Hochschild, 1983 : 23). 또 제도적 기제를 통해 감정 관리라는 행위의 주체가 조직 차원으로 옮겨가게 됨(Hochschild, 1983 : 72)으로써 조직은 개인의 감정을 효율적으로 관리, 통제하기에 이르렀다고 본다.

이와 같은 조직의 통제는, 감정노동을 발생시키는 전제조건이기도 하다. 혹실드는 감정노동을 필요로 하는 직업은, 첫째, 사람들을 직접 상대하거나 일대일로 통화를 하고, 둘째, 다른 사람에게 감사나 두려움 같은 특정 감정 상태를 만들어내야 하며, 셋째,

조직이 근로자의 감정적 활동에 통제력을 행사한다는 공통된 특징을 갖는다고 밝힌 바 있다(Hochschild, 1983 : 190).

여기에서 혹실드가 제시한 감정노동의 세 가지 특성은, 감정노동 연구의 주 대상을 설정하는 중요한 기준점이 될 수 있다. 현대 사회의 대다수 일자리가 '사람들을 상대하고', '타인에게 특정 감정 상태를 만들어낸다'는 점에서 위 두 가지 조건을 충족시키기 때문이다. 예를 들면, 사회복지사나 의사, 변호사 같은 직군이 여기에 해당한다(Hochschild, 1983 : 196). 그러나 세부적 규칙을 통해 조직이 근로자의 감정 활동을 통제한다는 세 번째 조건을 충족시키는 직군은 한정적이다. 이에 대해 맥도널드와 시리아니(Macdonald & Sirianni, 1996)는 화이트칼라 노동자와 감정 프롤레타리아(emotional proletariat) 간에는 결정적 차이가 있다고 밝히며 혹실드의 의견을 뒷받침한다. 화이트칼라 노동자는 자기 검열적(self-supervised) 측면에서 감정노동을 수행하지만, 감정 프롤레타리아에 해당하는 서비스 직무의 최전선(In front-line service jobs) 노동자들에게는 말하는 법과 행동하는 법에 대한 명확한 지시가 주어지고, 이들은 지시 사항의 수행 여부에 대해 고객과 조직에 의해 철저히 감시당한다는 것이다(Macdonald & Sirianni, 1996 : 3).

또 감정 관리에 대한 혹실드의 관심은 감정 체계가 공적 영역으로 나왔을 때 벌어지는, 불평등한 감정의 교환과 위계적 통제에 관한 것으로도 이어진다. 때때로 친밀한 관계, 사적인 관계 내부

제2장  감정노동 이해하기

에서도 벌어지는 불평등한 감정의 교환은, 공적 영역으로 넘어오게 되면 임금이라는 보상을 통해 당연시된다(Hochschild, 1983 : 116~117). 또 이러한 현상은 사회적 계급에 따라, 그리고 젠더에 따라 각각 다르게 나타난다. 특히 가정 안에서 감정을 '자원'으로 만드는 훈련을 받고 자란 여성은, 공적 영역에서도 더 많은 감정노동을 할 것을 요구받는다. 더 나아가 여성과 남성은 서로 다른 종류의 감정노동을 할 것을 요구받는데, 여성은 승무원이 하는 종류의 감정노동으로, 남성은 추심원이 하는 종류의 감정노동으로 특화되는 경향이 있다고 보았다(Hochschild, 1983 : 208). 혹실드는 여성이 이런 종류의 감정노동을 더 많이 제공하는 이유 중 하나를, 사적 영역에서 여성들이 담당했던 무급노동에서 찾는다. 사람들은 여성을 '어머니'와 같은 범주에 속하는 구성원으로 보는 경향이 있으며, 여성에게 '어머니 노릇'을 요구하는 경향이 있다는 것이다. 이러한 사실은 실제로 직무 내용의 많은 부분에 연결되어 있으며(Hochschild, 1983 : 216), 어머니 노릇과 마찬가지로 그 노력은 '보이지 않는다'는 점에서 문제적이다.

이처럼 혹실드(Hochschild, 1983)는 공적 영역에서 발견되는 감정노동의 성별 차이에 주목하였다. 그리고 대체로 여성들이 많이 진출한 영역에서 비가시화된 감정노동 그 자체, 혹은 그 가치를 제대로 인정받지 못하던 감정노동의 내용들을 자본주의의 양 극단의 모습인 승무원과 추심원의 직무를 바탕으로 드러낸다. 이는 사적 영역으로만 여겨졌던 감정 체계 자체에 대한 문제 제기임과 동시에 노동시장의 성차별적 구조에 대한 문제 제기이기도 했다. 이러한 작업을 통해 혹실드는 노동과 감정 영역 모두에서의 여성 소외의 문제를 드러냄과 동시에, 그동안은 보이지 않았던 노동 가치의 사회적 재평가를 촉구하고 있는 것이다.

제2장 감정노동 이해하기

# 2. 감정노동 논의의 흐름

혹실드의 감정노동 개념화 이후, 감정노동 개념의 확장 및 보완, 감정노동의 모형 개발 및 사례 연구 등 다양한 후속 연구가 이어졌다. 이러한 과정을 통해, 감정노동으로 인한 서비스직 종사자들의 직무 소진을 비용적·심리적으로 지원하려는 사회적 움직임이 가능해졌다. 따라서 여기서는 혹실드 이후 감정노동 개념에는 어떠한 변화가 있었는지를 살피고, 이러한 감정노동 개념이 한국 사회에서는 어떻게 소개되고 또 논의되어왔는지를 살펴보겠다.

## 1) 감정노동 개념의 보완

혹실드(Hochschild, 1983) 이후 감정노동 개념의 재정립을 위한 논의들은, 감정노동에 대한 관점이나 감정노동의 구성 요소 및 결과 요인들을 밝히는 데 있어 약간씩의 다른 입장을 보인다.

먼저, 애시포스와 험프리(Ashforth & Humphrey, 1993)는 감정노동을 인상 관리의 한 형태로 보았으며 "서비스 거래가 이루어지는 동안 사회적으로 요구되는 감정을 표현하는 행위"로 정의한다. 이러한 정의는 혹실드(Hochschild, 1983)가 강조했던 내부적인 감정 규칙보다는 외부적인 표현 규칙과 행위에 더 초점을 맞춘 결과였으며, 또 내적인 감정 경험을 외적인 감정 표현으로부터 분리하려는 것이었다(Ashforth & Humphrey, 1993 : 89~90). 이들은 감정노동의 구성 요소로, 혹실드가 제시한 표면행위와 내면행위 이외에, 진심행위(expression of genuine emotion)라는 개념을 추가로 제시하였다. 여기에서 진심행위란, 간호사가 아픈 아이를 보고 연민의 감정을 갖듯, 노동자가 특별한 인위적 노력을 가하지 않아도 갖게 되는 자연발생적 감정과 그 표현을 의미한다(Ashforth & Humphrey, 1993 : 94). 애시포스와 험프리는 감정노동 과정에서 노동자가 느끼는 감정보다는 겉으로 드러나는 행위를 더 중요하게 보았으며, 이렇듯 겉으로 드러나는 감정노동이 조직의 업무 효율성에 어떠한 영향을 미치는지를 밝힘으로써 감정노동의 순기능과 역기능이라는 결과적 측면에 집중하였다.

한편, 모리스와 펠드먼(Morris & Feldman, 1996)은 감정노동을 "대인 간 거래 상황에서 조직적으로 요구하는 감정을 표현하는 데 필요한 노력과 계획, 통제"라고 정의한다. 이들은 개인의 감정 경험과 표현을 결정하는 사회적 요인의 중요성을 강조하고, 감정노동에 대한 보다 복잡하고 정교한 개념화가 필요하다고 보았다. 따라서 감정노동 수행의 네 가지 차원을 제시하였는데, 그 내용은 첫째, 적합한 감정 표현의 빈도, 둘째, 표현 규칙에 대한 주의 정도, 셋째, 감정 표현의 다양성, 넷째, 감정의 부조화이다. 그리고 이러한 감정노동 요소는 감정 소진과 직무 만족도에 영향을 미치기에 감정노동이 이와 같은 방식으로 보다 세분화되어 측정되어야 한다고 주장하였다. 이들은 감정노동에 영향을 미치는 여러 가지 선행변수[3]들과 앞서 제시한 감정노동의 네 가지 차원, 그리고 감정노동 결과 간의 상관관계를 밝힘으로써, 감정노동의 여러 가지 요인들과 '감정 소진'과 '직무 만족도'라는 감정노동 결과 간의 역학을 밝히고자 하였다.

반면, 그랜디(Grandey, 2000)는 감정노동을 "조직의 목표를 위해 자신의 감정과 표현을 규제하는 과정"으로 정의한다. 그랜디는 혹실드(Hochschild, 1983) 및 그 외의 여러 학자들이 감정노동의 결과로 제시한 직무 스트레스와 소진은 사실 그 인과관계가 불

---

3 모리스와 펠드먼이 제시한 감정노동에 영향을 미치는 선행변수들은 표현 규칙의 명확성, 감시의 근접성, 젠더, 업무의 관례화, 서비스 대상자의 권력, 업무의 다양성, 면대면 접촉 여부, 직업 자율성, 감정 간의 불일치 등이다(Morris & Feldman, 1996 : 996).

분명하다고 주장하며(Grandey, 2000 : 95), 감정노동의 여러 가지 특성들을 모두 이해하기 위해서는 감정노동에 대한 통합적 정의와 이론적 모형이 필요하다고 보았다. 이를 위해선, 특히 혹실드가 제시한 표면행위와 내면행위의 개념이 유용하다고 보았는데, 표면행위와 내면행위는 본질적으로 가치를 내재한 용어가 아니기 때문에 감정노동의 긍정적, 부정적 결과를 모두 설명할 수 있는 개념이라고 보았다(Grandey, 2000 : 97). 특히 그랜디는 모리스와 펠드먼(Morris & Feldman, 1996)이 제시한 감정노동의 네 가지 차원[4]의 감정노동 요소가 감정노동을 포괄하기에 충분하지 않다고 보고, 기존의 논의들을 통합해 감정노동의 선행 요인[5]들이 감정의 규제 과정[6]과 감정노동의 결과[7]에 미치는 영향을 분석한, 새로

---

4  감정노동의 네 가지 차원 : 적합한 감정 표현의 빈도, 표현 규칙에 대한 주의 정도, 감정 표현의 다양성, 감정의 부조화(Morris & Feldman, 1996).

5  그랜디는 감정노동이 일어나는 요인으로 '고객과의 상호작용 정도(빈도, 기간, 다양성, 표현 규칙)'와 '감정적 사건(긍적적, 부정적 사건)'을 제시하였다(Grandey, 2000).

6  그랜디는 감정노동을 '감정의 규제 과정'으로 보았으며, 이를 '표면행위'와 '내면행위'로 구분하였다(Grandey, 2000). 그리고 이러한 감정 규제 과정에 영향을 주는 요인으로 '개인적 요인(젠더, 감정 표현력, 감정 지능, 긍정·부정적 감정 상태)'과 '조직적 요인(직무 자율성, 관리자의 지지, 동료의 지지)'을 구분하여 제시하였다.

7  그랜디는 감정노동의 결과를 '개인적 건강(소진, 직무 만족)'과 '조직적 건강(서비스 수행(성과), 업무 중단)'으로 구분하여 제시했다(Grandey, 2000).

운 감정노동 모델을 제시하였다(Grandey, 2000 : 101). 이를 통해 그랜디는 개인에게는 스트레스를 가져다주지만, 여전히 조직에게 유용하게 작동하고 있는 감정노동의 기제들을 설명하였다.

이처럼 연구자의 관점과 연구의 목적에 따라 감정노동의 정의는 조금씩 달라져왔다. 이로써 감정노동에 대한 정교한 개념화를 위한 다양한 노력이 진행되었음을 알 수 있으며, 이러한 논의의 과정은 한국 사회에서 감정노동 개념이 어떻게 정의되고 또 사용되고 있는지를 확인하는 데 중요한 자료가 될 수 있다.

지금까지 살펴본 '감정노동'의 개념을 정리하면 [표 3]과 같다.

[표 3] 감정노동의 개념 정의[8]

| 연구자 | 개념 정의 | 강조점 |
| --- | --- | --- |
| Hochschild, 1983 | 개인이 자신의 기분을 다스려 조직에서 요구하는 적합한 표정이나 신체 표현을 외부로 드러내는 것 | • 감정의 소외를 야기하는 감정노동의 비가시화에 대한 문제 제기<br>• 감정노동의 계급 · 젠더 차이 강조 |

---

8  Hochschild, Arlie, *The Managed Heart: Commercialization of Human Feeling*, 1983; Ashforth, B. & Humphrey, R., "Emotional Labor in service roles: The influence of identity", 1993; Morris, J. A. & Feldman, D. C., "The Dimensions, Antecedents, and Consequences of Emotional Labor", 1996; Grandey, Alicia, "Emotion Regulation in the Workforce: A New Way to conceptualize Emotional Labor", 2000에 기초하여 작성.

| Ashforth & Humphrey, 1993 | 서비스 거래가 이루어지는 동안 사회적으로 요구되는 감정을 표현하는 행위 | • 개인의 감정보다는 조직의 업무 효율성에 영향을 미치는 행위의 측면 강조 |
|---|---|---|
| Morris & Feldman, 1996 | 대인 간 거래 상황에서 조직적으로 요구하는 감정을 표현하는 데 필요한 노력과 계획, 통제 | • 개인의 감정 경험과 표현을 결정하는 사회적 요인의 중요성 강조<br>• 감정노동의 선행 요인과 감정노동의 네 가지 차원, 결과 요인 간의 상관관계를 밝힘으로써, 감정노동에 대한 정교한 개념화 시도 |
| Grandey, 2000 | 조직의 목표를 위해 자신의 감정과 표현을 규제하는 과정 | • 감정노동의 선행 요인과 감정의 규제과정, 결과 요인 간의 상관관계를 밝힘으로써 감정노동에 대한 통합적 정의와 이론적 모형 도출 |

## 2) 한국 사회 감정노동 논의

감정노동에 대한 한국 사회의 논의는, 혹실드(Hochschild, 1983) 논의의 영향을 받아 그것에 기초한 형태로, 1990년대 중반부터 이루어지기 시작했다.[9] 그중에서도 노동 개념에 대한 여성주의적 문

---

9  한국 사회의 초기 '감정노동' 연구로는 여성학적 연구인 박홍주(1995)의 「판매 여직원의 감정노동에 관한 일 연구: 서울시내 백화점 사례를 중심으로」와 고미라(1995)의 「감정노동의 개념화를 위한 일 연구: 서구 이성 중심적 노동 개념 비판」, 경영학적 관점에서 조직의 감정 표현 규범을 연구한 김은민(1995)의 「감정노동: 조직의 감정 표현 규범에 관한 질적 연구」가 있다.

제 제기인 박홍주(1995)와 고미라(1995)의 논문은, 기존 노동 개념의 확장을 통해 보이지 않았던 여성의 감정노동을 가시화하고 그 가치를 재평가하려는 노력의 일환으로 해석될 수 있다. 감정노동의 젠더 관계에 집중한 이러한 연구의 경향은 이후 다양한 직종에 대한 경험적 사례 연구(강현아, 2002; 정형옥, 2006)로 이어져 왔다.

그 이후 감정노동에 대한 사회학적 관심은, 서비스직 노동자의 감정노동 실태 확인과 정책적 개선 방안 모색의 형태로 지속적으로 이어졌다(김양희 외, 2006; 국가인권위원회, 2008; 박찬임 외, 2012; 한국노동사회연구소, 2014; 정진주 외, 2017). 이 과정에서 과거에는 보이지 않았던 여성들의 노동 경험이 더 많이 수면 위로 드러나게 되었고 제도적 변화의 움직임 또한 일어나게 되었다.

한편, 인적 자원 관리 및 조직 행동론과 같은 경영학적 측면에서 감정노동과 감정노동의 결과 요인(소진, 직무 만족도, 이직 등)의 상관관계를 밝히는 실증 연구들(김민주, 1998; 윤은형, 2007; 이수연, 2008; 채수석, 2013; 강한철, 2014)도 감정노동 연구의 한 방향으로 자리 잡았다. 감정노동에 대한 실증연구들은 감정노동의 결과적 측면 즉, 감정노동과 그 결과(소진, 직무 만족도, 이직) 간의 상관관계를 밝히는 것에 집중하는 경향이 있다. 그 결과 서비스직 종사자의 스트레스 요인으로서 감정노동을 규명하였지만, 이러한 연구는 효율적 인적 관리를 통한 업무 효율성 증대 차원의 접근이라는 점에서 앞서 언급한 여성학적·사회학적 관점의 연구와는 차별화된다.

앞에서 밝힌 바와 같이 한국 사회의 초기 감정노동 연구로는, 노동 개념에 대한 성인지적 관점의 문제 제기인, 박홍주(1995)와 고미라(1995)의 논문이 있다.

박홍주(1995)는, 여성의 성역할과 밀접한 관련성을 가진 동시에 임노동화된 감정노동 관련 연구가 필요하다고 보고 감정노동을 "고객과 최종적으로 접촉하게 되는 하위 서비스직 노동에 종사하는 여성 노동자가 교환가치를 가지는 서비스 제공을 위해 감정 관리를 수행하고 또한 통제 당하게 되는 노동"으로 정의한다. 저자는 그동안 많은 여성 노동자들이 단순, 저임금 노동력으로 규정되었던 가장 근본적인 이유는, 이들의 노동 경험에 관한 구체적 고찰 및 평가의 과정이 결여되었기 때문임을 지적하며, 참여관찰 방법을 통해 그동안 비가시화되었던 백화점 판매 여직원의 노동 과정을 감정노동 차원에서 구체적으로 제시하고 있다.

한편 고미라(1995)는 재화와의 교환가치를 지니지는 않지만, 한국 사회 유교적 전통하에 여성에게 강제되는 '사회적 가치'를 지니는 여성의 노동을 감정노동으로 개념화한다. 고미라는 기존의 노동 개념이 경제 중심적이고 서구 이성 중심적이라는 비판 의식에서, 혹실드(Hochschild, 1983)가 제기한 교환가치와 사회적 통제가 아닌, '사회적 가치'와 '사회적 강제'라는 감정노동의 새로운 기준을 설정하고 감정노동을 "자신의 심리적, 감정적 상태를 의식적이고 합목적적인 방식으로 관리하는 일체의 노력들"로 정의한다. 그리고 여기에는 성별 분업에 따른 여성들의 돌봄 노동, 부계 전통에서 기인하는 여성들의 감정노동과 소외의 경험, 유교적 전통과 도덕의 미명하에 거의 생존의 차원에서 수행되는 마음노동 등이 속한다고 보았다(고미라, 2000). 이는 자본주의보다는 한국 사회 유교적 전통하에 여성에게 강제되는 노동으로, 연구자는 이러한 노동이 "특정 구조하에서 사회적으로 강제되었다"는 측면 및 "그 행위의 유용성을 평가하는 사회적 가치가 존재한다"는 측면에서 노동에 해당한다고 주장하였다(고미라, 1995 : 75).

살펴본 바와 같이 박홍주(1995)와 고미라(1995)는 감정노동과 그 수행 대상에 대해 서로 다른 정의를 내리고 있다. 그러나 두 연구자는 여성들의 경험을 포괄하지 못했던 기존의 노동 개념의 한계를 인식하고, 시장 안팎에서 소외되었던 여성들의 노동을 가시화시키는 보충적 범주로서 감정노동 개념을 사용하고 있다.

이후 강현아(2002)[10]는 혹실드의 감정노동 개념을 그대로 차용해, 지불되지 않은 비용으로 남게 되는 감정노동을 노동의 요소로 포함시킬 것을 주장하며, 감정노동이 간호 전문직 종사자의 노동

---

10 강현아, 「간호전문직 노동의 변화−감정노동의 강화」, 『경제와 사회』 제55권, 2002, 142~168쪽.

강도를 강화하게 되는 산업적 상황을 경험적 연구를 통해 밝힌 바 있다.

한편, 한국 사회에서 감정노동을 수행하는 서비스직 근로자의 근무 실태와 정책적 개선 방안에 대한 사회적 관심이 모아진 것은 2000년대 중반이었다.

서비스직 여성 근로자의 건강 관리 차원에서 감정노동 문제에 접근한 김양희 외(2006)[11]의 연구는 감정노동을 서비스직 여성 근로자의 건강 수준에 부정적인 영향을 미치는 요인 중 하나로 규정하고, 도덕적·법적·경제적 차원의 직무 스트레스 관리 방안에 감정노동에 대한 관리를 추가해야 함을 명시한다.

또 국가인권위원회(2008)[12]와 박찬임 외(2012)[13]는 사례 연구를 바탕으로 서비스 산업의 감정노동 실태를 확인하고 이에 대한 정책적 개선 방안을 모색하였다.

먼저 국가인권위원회(2008)는 감정노동을 콜센터 텔레마케터 직무의 핵심 요소로 보고, 설문 조사와 심층 면접을 통해 콜센터

---

11 김양희 외, 『서비스직 여성 근로자의 직무 스트레스 실태 및 관리 방안』, 한국여성개발원 연구보고서, 2006.

12 국가인권위원회, 『콜센터 텔레마케터 여성 비정규직 인권 상황 실태조사』, 2008년도 인권상황실태조사 연구용역보고서, 2008.

13 박찬임 외, 『서비스산업의 감정노동 연구 : 판매원과 전화상담원을 중심으로』, 서울 : 한국노동연구원, 2012.

텔레마케터의 근로 환경 및 감정노동 실태를 구체적으로 드러냈다. 그리고 박찬임 외(2012) 역시 설문 조사와 심층 면접, 기업체 사례 조사를 통해 판매원과 전화상담원의 육체노동과 감정노동 측면에 집중한 서비스업 근로자의 근로 실태와 이들의 육체적 · 정신적 건강에 대한 종합적 접근을 시도한다. 두 연구 모두, 각각의 사례에 대한 대대적 실태 조사를 통해 감정노동의 폐해를 예방하고 해당 근로자를 보호할 수 있는 제도적 개선 방안을 도출하고자 하였다.

감정노동에 대한 최근의 논의는 정진주 외(2017)에 의해 이루어졌다. 저자는 과도한 감정노동이 야기하는 문제를 '예방적' 차원에서 다루고, 그 대안을 모색함으로써 감정노동과 건강의 관계에 대한 종합적 분석을 시도한다.

그러나 서비스직 종사자의 감정노동 실태와 이에 대한 정책적 개선 방안을 모색하는 논의들에서 나타나는 공통적인 한계는, 해당 노동을 감정노동의 폐해 차원에서 설명하기 위해, 종사자들이 수행하는 노동 과정 전반에 대한 접근이 아닌, 단지 이들의 피해 상황만을 단편적으로 부각시킨다는 점이다. 이는 해당 직종의 여러 가지 직무 요소를 비가시화시켜 서비스 산업의 노동을 모두 감정노동으로 뭉뚱그려 일반화시키고, 부정적 측면만을 강조하여 이들을 보호해야 할 사회적 약자로 인식하게 만든다는 점에서 문제적이다.

당초 감정노동의 가시화는, 감정의 관리가 '사적인 것'으로 여겨져 감정노동이라는 직무의 요소가 정당한 경제적 가치로 환산되지 않았던 것, 이에 따라 감정노동을 수행하는 서비스 산업의 일자리가 상대적으로 저평가된 것에 대한 문제 제기로부터 비롯되었다. 따라서 감정노동의 가시화는 해당 노동에 대한 정확한 이해와 가치의 재평가를 담보해야 한다.

이러한 문제는 마치 감정 관리만을 전적으로 도맡아 하는 듯한 뉘앙스를 풍기는 '감정노동자'라는 용어의 한계와도 맞닿아 있으며, 보다 앞서 한국 사회 '감정노동'이라는 용어의 확산 과정의 문제와도 연결되어 있다. 어떠한 서비스 직종도 그 직무가 단순히 감정노동만으로 구성되는 경우는 없다. 해당 서비스를 제공하기 위해서는 정도의 차이는 있겠으나 어떠한 식으로든 육체노동과 정신노동이 수반되기 마련이다. 물론, 제조업 부문에서 가시화되었던 '직무적 측면'에 대한 차별화 시도로써 서비스업 부문의 '관계적 측면'을 전략적으로 강조해온 역사도 있다(Macdonald & Sirianni, 1996). 그러나 서비스 산업의 관계성으로부터 기인하는 감정노동의 강조가 오히려 해당 직무의 다양한 요소들을 모두 가리고 있는 현 시점에서, 이는 반드시 재고해보아야 할 노동에 대한 접근 방식일 것이다. 감정노동에 대한 왜곡된 이해는, 해당 직종 그리고 종사자의 다수를 차지하는 여성 노동력에 대한 평가절하로 이어질 수 있기 때문이다.

**제2장** 감정노동 이해하기

이러한 감정노동 개념의 쟁점과 관련해서는 제3장에서 보다 구체적으로 다루기로 한다.

# 제3장

# 한국 사회 감정노동
# 논의의 함정

Emotional Labor,
The Trap In Its Name

최근 몇 년간 서비스 산업 종사자들이 경험하는 업무상 고충이 매스컴을 통해 집중적으로 보도되면서, 감정노동 이슈에 대한 사회적 관심은 더욱 고조되었다.

　이 장에서는 국내 출판 서적 및 신문 기사, 법률(제정/개정)안 등을 분석함으로써 실제 한국 사회에서 통용되는 감정노동 개념 및 관련 쟁점들을 소개한다. 이를 통해 현행 감정노동 논의의 함정에 대해 생각해볼 수 있을 것이다.

# 1. '감정노동자' 개념의 등장

한국언론진흥재단이 운영하는 '미디어가온(http://www.medi-agaon.or.kr/)'을 통해 국내 종합 일간지에 '감정노동' 키워드를 검색하면, 감정노동이 본격적으로 미디어에 소개되었던 SBS 다큐멘터리 〈그것이 알고 싶다-병 키우는 '감정노동'〉[1]이 방영된 2006년을 시작으로 하여, 감정노동 관련 기사 건수는 점차 증가하고 있음을 알 수 있다. 2007년 잠시 소강 상태를 보였다가 2008년부터 감정노동에 관한 연구 결과 소개 및 서비스 산업 종사자의 열악한 근로 환경 실태의 형태로 종종(연간 10건 내외) 등장하던 관련 기사 건수는 2010년도가 되면서 눈에 띄게 증가한다. 이후 2012년

---

1  2006년 8월 26일 SBS TV 방영.

에는 서울시 다산콜센터 노조 결성 문제가 기사화되었고,[2] 2013년에는 '라면 상무' 사건과 '빵 회장' 사건 등이 연이어 보도되며 서비스직 종사자들이 당면한 문제에 대한 사회적 우려는 감정노동이라는 용어와 함께 점차 확산되었다.[3]

---

2  서울시 종합민원전화인 '다산콜센터'가 오픈한 2007년 이후, 상담원들의 열악한 근무 환경에 대한 문제 제기가 지속적으로 이루어지면서 2012년 9월, 3개의 아웃소싱 회사로 나뉘어 고용되었던 다산콜센터 상담원들은 희망연대노동조합에 가입하고 다산콜센터지부를 설립하였다. 이 과정에서 '서울시'와 희망연대노조 다산콜센터지부 조합원들 사이의 갈등이 고조되며 매스컴에 보도되었고, 콜센터 상담원들의 열악한 근무 환경은 가시화되었다.

3  2013년 항공기에 탑승했던 대형 그룹사 임원진이 기내식과 관련해 난동을 피우고 승무원에게 폭행을 가해 대한민국을 들썩이게 했던 '라면 상무' 사건과, 같은 해 호텔 앞 주정차 문제로 시비가 붙어 모 베이커리의 회장이 호텔 지배인을 폭행한 '빵 회장' 사건, 2014년 항공기에 승객으로 탑승했던 항공사의 오너가 승무원에게 폭언 및 폭행을 가하고 항공기를 회항시켜 법정 공방까지 치달았던 '땅콩 회항' 사건 등 별칭만 들어도 알 수 있는 사건은 물론이고, 아파트 주민의 잦은 폭언에 못 이겨 경비원이 분신자살했다는 경악을 금치 못할 소식이나, 통신사 콜센터에 전화를 걸어 시종일관 '딴소리'를 해대는 한 노인과 이를 끊지 못하고 계속해서 응대하는 콜센터 상담원 간의 '웃지 못할' 대화 내용이 그대로 뉴스 전파를 타는 것은 더 이상 낯선 일이 아니다. 또 콜센터 상담원들의 고충을 다루는 다큐멘터리 프로그램도 빈번하게 공중파 전파를 타고 있다. 그만큼 감정노동을 해야 하는 서비스직 종사자의 직업적 고충과 우리 사회에 잘못 정착된 서비스 이용 태도는, 매스컴을 통해 빈번히 노출되고 있다.

이 과정에서 한 가지 주목할 만한 것은, 감정노동 이슈와 함께 등장한 '감정노동자'라는 용어이다. 감정노동자란 감정노동의 수행정도가 높은 직군에 종사하는 근로자를 일컫는 말로, 여기에는 콜센터 직원, 항공기 승무원, 식당 종업원, 백화점 판매원 등이 자주 거론되고 있다.

> 콜센터 직원, 항공기 승무원, 식당 종업원, 백화점 판매원, 은행 창구직원, 아나운서와 리포터, 패스트푸드 점원 등 국내에는 대략 600만 명의 감정노동자가 있다. 이들이 고객에게 받는 상처는 깊다. ⋯(중략)⋯ 감정노동자를 위한 노력이 정치권에서 구체화되고 있다. ⋯(중략)⋯ 그러나 법과 제도 못지않게 중요한 것은 사람이 사람을 대하는 방식에 대한 성찰이다. 고객과 소비자가 아니라 나와 이웃이라는 인식이다.[4]

다른 사람의 감정을 위해 자신의 감정을 다스리고, 억누를 수밖에 없는 '감정노동자'들의 웃음 뒤에는 짙은 슬픔이 자리하고 있다. **콜센터 상담원, 민원담당 공무원, 백화점·대형마트 직원** 등 다양한 직종에 종사하는 감정노동자들은 일부 사람들의 폭언과 욕설 등 인격비하적 발

---

4 「[한마당-정진영] 감정노동자 보호법」, 『국민일보』 2015.8.4에서 발췌(강조는 인용자).

언에도 스스로의 감정을 통제할 수밖에 없는 처지에 놓여 있기 일쑤다. 서비스업 종사자들에게 통상적으로 요구되는 **'고객이 왕이다'** 라는 고객중심주의가 감정노동자들의 **희생을 강요하고 있기 때문.** 하지만 최근 일부 서비스업계에서 작은 변화의 바람이 불고 있다. …(후략)[5]

위 기사문에서 살펴보는 바와 같이, 감정노동에 대한 이슈가 가시화되면서, 대인 서비스 직종 종사자를 지칭하는 개념으로 감정노동자라는 용어가 확산되고 있다. 여러 가지 직업군의 감정노동 수행 유무를 가리고 이들의 감정노동 수행 여부를 강조하기 위해 사용되기 시작했던 감정노동자라는 용어는, 이제 한국 사회에서 서비스업종 종사자들을 통칭하는 개념으로 정착된 것이다.

그러나 서비스업 종사자들을 감정노동자로 명명하는 것은, 이들의 직무가 '감정노동의 수행 정도가 높다'고 정의 내리는 것과는 다른 문제다. 예를 들어 판매원과 식당 종업원의 직무 요소에는, 상당 부분의 육체노동이 포함되어 있음이 이미 알려져 있음에도 불구하고 감정노동에 대한 최근의 관심은, 이들을 감정노동자로 분류하는 데 일조하였다. 한편 콜센터 상담원의 경우, 대인 서비스 직종이라는 것을 제외하고는 그 노동 내용이 판매원이나 식

---

5 「[슬퍼도 웃는다 감정노동자-(상)실태] 상처입은 그들, 오늘도 운다」, 『전 북일보』 2014.6.23에서 발췌(강조는 인용자).

당 종업원과는 큰 차이가 있음에도 불구하고 감정노동자로 함께 분류됨으로써, 서비스 노동의 다양한 성격과 해당 직종의 여러 가지 직무 요소들이 비가시화되고 있다. 더욱이 감정노동자 개념이 서비스직 노동의 특수성 및 전문성의 가시화 차원이 아닌, 노동의 고충을 드러내기 위한 특정한 목적으로 사용됨에 따라 최근 감정노동자로 분류되는 서비스직 종사자들은 고객 대면 업무로부터 발생하는 정신적 스트레스 차원에서만 주목받고 있는 실정이다.

또한 감정노동자라는 용어가 서비스직 종사자들을 통칭하는 개념어로 사용되기 시작하면서, 서비스직 종사자들이 당면하는 여러 가지 문제는 종종 감정노동자의 문제로 묘사되며 감정노동의 실질적 내용이 왜곡되고 있다. 아래의 인용문은, 2015년 9월 10일 서울시의회 기획경제위원회(권미경 의원) 주관으로 개최된 '서울특별시 공공부문 감정노동 종사자의 보호에 관한 조례 제정을 위한 공청회'[6]에서, 토론에 앞서 발표된 '감정노동자의 사례'를 요약하여 소개한 신문 기사문이다.

---

6  서울시의회는 광역의회 단위로는 최초로 '감정노동 종사자' 관련 조례를 제정·시행하였다("서울특별시 감정노동 종사자의 권리보호 등에 관한 조례[2016.1.7. 시행]"). 해당 공청회는 서울시의회에서 조례 제정 과정에 전문가 및 청중의 의견을 반영하기 위해 개최한 것으로, 필자는 해당 공청회에 청중으로 참석하여, 발표와 토론의 내용을 지켜보았다.

\# 1. "공공병원의 주된 이용 계층은 차상위계층, 노숙인, 행려환자 등입니다. 이 중 노숙인, 행려환자의 비중이 크다 보니 만취 환자의 비중이 커요. **한밤중에 이들이 취중에 의료진을 폭행하는 일이 발생할 때마다 대책회의가 열립니다. 대책은 없어요.** 그나마 나온 결론이 화장실로 도망가서 문을 걸어 잠그고 도움을 요청하라는 거죠. 하지만 서로 관심을 가져줄 수도 없어요. 누구 하나 죽어나가야 문제가 있나보다 하겠죠." \# 2. **"시민을 대상으로 취업 상담, 알선 서비스를 제공합니다.** 테이블을 사이에 두고 상담을 하거나 전화 상담을 하기 때문에 폭력으로 이어지는 경우는 거의 없죠. **문제는 상담이 목적이 아니고 화를 풀겠다고 작정하고 전화하는 사람들이에요. '세금 받아서 뭐 하냐', '내가 왜 취업이 안 되냐', '나 취업시킬 능력도 없냐' 등의 폭언에 한 시간을 시달리면 전화벨 울리는 게 두려워집니다."** 10일 서울 중구의 서울NPO지원센터에서 열린 '공공부문 감정노동 종사자의 보호에 관한 조례 제정을 위한 공청회'에서 **본격적인 토론에 앞서 발표된 감정노동자의 사례들이다.** …(후략)[7]

위 기사에서 살펴보는 바와 같이 해당 공청회에서는 '공공부문

---

7 「폭언에 한시간 시달리면 전화받기 무서워」, 『세계일보』 2015.9.11에서 발췌(강조는 인용자).

감정노동자 사례 발표' 섹션을 별도로 마련해 서울시 산하 병원 간호사와 일자리플러스센터 상담사 사례를 소개하였다. 그러나 그렇게 소개된 '감정노동자 사례'의 주된 내용은 대부분 간호사나 상담사들이 폭언과 폭행에 무방비하게 시달린 경험이라는 작업장 폭력의 사례들이었다. 이처럼 한국 사회에서 감정노동자 개념은, 서비스 산업 종사자들의 열악한 근무 환경을 부각시키려는 맥락 안에서, 서비스 산업 종사자를 통칭하는 모호한 개념으로 사용되고 있다. 이에 따라 감정노동의 내용은, 종종 작업장 폭력을 감내하는 서비스직 종사자의 모습으로 묘사된다. 이로써 서비스직 종사자는 법의 사각지대에 위치한 사회적 약자로서만 대중에게 노출됨으로써 서비스직 노동 자체에 대한 왜곡된 이해는 끊임없이 재생산되고 있다.

# 2. '감정노동' 개념의 사용

이 절에서는 앞에서 살펴본 '감정노동자' 개념의 쓰임 사례를 바탕으로, 실제 한국 사회에서 통용되는 '감정노동' 개념 및 관련 쟁점을 구체적으로 살펴보기로 한다.

## 1) 새로운 노동의 범주

서비스 산업의 확장이라는 국내외적 산업 구조 상황은 감정노동에 대한 관심을 다양한 사회 주체들이 함께 공유하도록 하는 데기여하였다. 특히 최근 한국 사회에서는 경쟁적 서비스 산업과 파행적 소비 문화의 정착으로 인해 불거진 다양한 사건들이 연이어 매스컴에 보도된 바 있으며, 이로 인해 감정노동에 대한 사회적 관심은 더욱 고조되었다. '라면 상무' 사건이나 '빵 회장' 사건, '땅콩 회항' 사건 등, 별칭만 들어도 알 수 있는, 한동안 한국 사회를 떠들썩하게 했던 해당 사건들은 서비스직 종사자들이 당면한 문제의 심각성을 널리 알리는 도화선이 되기도 했다. 그리고 이러한 관심은 법제도 개선에 대한 사회적 요구로까지 이어져왔다. 이러한 과정에서 감정노동 개념은, 혹실드(Hochschild, 1983)가 개념화했던 서비스 산업 종사자들이 수행하는 직무 요소 중 하나로서가 아닌, 특정한 근로의 형태를 범주화하는 말로 자리 잡았다. 제조업과 차별화되는, 대인 서비스 산업의 특징 중 하나로 규정되었던 감정노동 개념이, 반대로 대인 서비스 산업을 통칭하는 의미로 개념화, 사용되기 시작한 것이다.

실제로 2014년 윤재옥 의원이 대표 발의한, 산업재해보상보험법, 근로기준법, 산업안전보건법 일부개정법률안[8]에서는 감정노동을 "업무 수행 과정에서 자신의 감정을 절제하고 자신이 실제 느끼는 감정과는 다른 특정 감정을 표현하도록 업무상 요구되는 노동"으로 정의하고 있다. 그리고 2016년 김부겸 의원이 대표 발의한 감정노동자 보호법안[9]에서는 감정노동을 "재화나 용역을 구

---

8  산업재해보상보험법 일부개정법률안(의안번호 1911343), 근로기준법 일부개정법률안(의안번호 1911344), 산업안전보건법 일부개정법률안(의안번호 1911345).

9  감정노동자보호법안(의안번호 2003954).

매하는 고객을 대면 통화, 통신 등의 방법으로 응대하는 과정에서 자신이 실제로 느끼는 감정과는 다른 특정 감정을 표현하도록 요구되는 업무를 상시적으로 수행하는 노동"으로 정의한다. 이는 "개인이 자신의 기분을 다스려 조직에서 요구하는 적합한 표정이나 신체 표현을 외부로 드러내는 것"이라는 감정노동에 대한 혹실드(Hochschild, 1983)의 개념 정의나 "서비스 거래가 이루어지는 동안 사회적으로 요구되는 감정을 표현하는 행위"라는 애시포스와 험프리(Ashforth & Humphrey, 1993)의 개념 정의 등과 비교했을 때[10] 그 차이를 더욱 확연히 알 수 있다. 즉 감정노동 개념이 직무의 요소나 노동의 과정 차원이 아닌, 직종을 구분하는 새로운 범주나 새로운 근로의 형태로서 제시되고 있는 것이다.

이처럼 감정노동에 대한 관심이 법제도적 논의로까지 이어진 것은, 제조업 종사자를 중심으로 구성되었던 기존의 노동법이 서비스 산업 종사자의 법적 권리를 포괄하지 못한다는 한계를 인식하게 되면서부터였다. 이에 따라, 제19대 국회(2012~2016)에서는 서비스 산업 종사자들의 법적 권리를 명시하려는 근로기준법, 산업재해보상보험법, 산업안전보건법, 남녀고용평등법 등의 개정안이 지속적으로 발의되었던 바 있으며, 이러한 움직임은 현재(제20대 국회, 2016~2020)까지도 활발하게 이어지고 있다. 해당 법

---

10 제2장의 "[표 3] '감정노동'의 개념 정의" 참조.

안 등의 주요 내용으로는 업무상 스트레스에 대한 산업재해 범위의 확대, 건강장해 예방 조치 의무화와 근로자의 작업중지권 보장, 고객의 성희롱에 대한 사업주의 책임 강화 등이 있다.

[표 4] 서비스직 종사자의 노동권 관련법 개정/제정(안)(제19대~20대 국회)[11]

| 법률명 | 대표 발의자 (의안번호) | 개정/제정(안) 주요 내용 | 감정노동 개념 명시 | 의결 결과 |
|---|---|---|---|---|
| 근로기준법 | 윤재옥 (1911344) | • "근로"의 정의 중, "정신노동"의 개념에 "감정노동"을 포함 | O | 임기 만료 폐기 |
| 산업재해 보상보험법 | 심상정 (1902346) | • "업무상 재해의 인정 기준"에 "업무상 정신적 스트레스가 원인이 되어 발생한 질병"을 포함 | X | 임기 만료 폐기 |
| | 윤재옥 (1911343) | • "업무상 재해의 인정 기준"에 "감정노동으로 인한 정신적 스트레스가 원인이 되어 발생한 질병"을 포함 | O | 임기 만료 폐기 |
| | 한정애 (2003050) | • "업무상 재해의 인정 기준"에 "감정노동으로 인한 정신적 스트레스가 원인이 되어 발생한 질병"을 포함 | O | 계류 |

11 '국회-의안정보시스템(http://likms.assembly.go.kr/bill/main.do)'에서 제공하는 의안 정보를 기초로 필자가 작성.

| 산업안전 보건법 | 강창일 (1905372) | • 안전보건 총괄 책임자를 지정하여야 하는 사업과 산업재해를 예방하기 위한 조치를 하여야 하는 도급 사업에 "서비스업"을 포함 | X | 임기 만료 폐기 |
|---|---|---|---|---|
| | 한명숙 (1909780) | • 사업주가 해야 하는 보건 조치 사항에 "고객 등의 폭언, 폭행 또는 무리한 요구 등으로 인하여 발생하는 건강장해"를 포함 | X | 임기 만료 폐기 |
| | 윤재옥 (1911345) | • 산업재해와 관련된 정부의 책무에 "감정노동으로 인한 산업재해를 예방하기 위한 안전성 평가 및 개선"을 포함<br>• 사업주가 해야 하는 보건 조치 사항에 "감정노동에 종사함으로써 발생하는 건강장해"를 포함 | O | 임기 만료 폐기 |
| | 이인영 (1912665) | • "작업중지" 권리 조항은 서비스업 특히 감정노동과 관련하여 적용되기 어려우므로 "업무중지"로 개정<br>• "산업재해"를 "업무 장소 내의 위험 요인과 고객 등으로 인한 산업재해"로 개정 | X | 임기 만료 폐기 |
| | 이인영 (2000321) | • "작업중지" 권리 조항은 서비스업 특히 감정노동과 관련하여 적용되기 어려우므로 "업무 중지"로 개정<br>• "산업재해"를 "업무 장소 내의 위험 요인과 고객 등으로 인한 산업재해"로 개정 | X | 계류 |
| | 한정애 (2003055) | • 사업주가 해야 하는 보건조치 사항에 "고객 응대 업무에서 고객 등의 폭언, 폭력, 무리한 요구 등으로 인한 건강장해"를 포함 | X | 대안 반영 폐기 |

'감정노동' 개념의 사용

| | | | | |
|---|---|---|---|---|
| 산업안전<br>보건법 | 김상화<br>(2005152) | • 사업주가 해야 하는 보건조치 사<br>항에 "고객 응대 업무에 종사하<br>는 근로자에게 고객 등에 의한 폭<br>언·폭력·괴롭힘 및 그 밖에 업<br>무상 스트레스로 인하여 발생하는<br>건강장해"를 포함 | X | 대안<br>반영<br>폐기 |
| 남녀고용<br>평등과<br>일·가정<br>양립 지원에<br>관한 법률 | 한명숙<br>(1905119) | • 고객 등에 의한 성희롱 발생 시<br>사업주의 수사기관에 대한 고발<br>조치 등의 노력 의무 명시<br>• 고객 등에 의한 성희롱 예방 및<br>교육에 대한 사업주의 책임 명시 | X | 임기<br>만료<br>폐기 |
| | 안재근<br>(2009719) | • 고객 등의 성희롱에 대한 사업주<br>의 조치 의무화 및 제재 강화 | X | 계류 |
| 감정노동<br>종사자의<br>보호 등에<br>관한 법률안 | 황주홍<br>(1915155) | • 감정노동종사자 근로 환경 개선계<br>획의 수립<br>• 감정노동종사자 보호센터의 설치<br>• 사업장 내 고충처리 전담부서의<br>설치·운영 | O | 임기<br>만료<br>폐기 |
| 감정노동자<br>보호법안 | 김부겸<br>(2003954) | • 감정노동자 건강장해 등에 대한<br>보호 방안 마련<br>• 고용노동부 소속 감정노동자보호<br>위원회를 둠<br>• 고객 등의 폭언 등으로부터 감정<br>노동자 보호를 위한 교육의 실시<br>등을 위해 감정노동보호센터 설치 | O | 계류 |

[표 4]에 제시된 바와 같이, 현재 계류 중인 서비스 산업 종사자 관련 개정법률안 중 감정노동을 직접적으로 명시하고 있는 법안으로는 한정애 의원이 대표 발의한 '산업재해보상보험법 일부개정법률안'이 있다. 그리고 감정노동과 관련한 독립적 입법안으로

는 2016년 김부겸 의원이 대표 발의한 '감정노동자 보호법안'이 있으며, 이외에도 광역의회 단위로는 최초로 서울시의회에서 '서울특별시 감정노동 종사자의 권리 보호 등에 관한 조례(서울특별시 조례 제6101호, 2016.1.7. 제정)'를 제정한 바 있다.

그러나 외국의 경우, 감정노동 자체만을 가지고 독립적으로 입법한 예는 없으며 직무 스트레스나, 작업장 폭력, 작업중지권과 관련한 법제도에서 대인 서비스 종사자들을 포괄적으로 보호하는 법적 근거를 가지고 있다[12]는 점으로 미루어 볼 때, 감정노동 및 감정노동 종사자와 관련한 독립적 입법 경향은 분명 한국 사회의 특수성이라 할 수 있다. 즉, 서비스직 종사자의 법적 권리를 보호하기 위한 방안으로, 감정노동 종사자 보호법안이 발의되고 있는 것인데, 이것은 감정노동을 서비스 산업을 특징화하는 일종의 '범주적' 용어로 이해하기 때문에 나타나는 현상이다. 대인 서비스 산업 종사자를 감정노동자로 지칭하는 것처럼, 감정노동 개념은 한국 사회에서 법률적으로나 사회문화적으로나 서비스 산업의 특정한 근로 형태, 혹은 서비스 산업의 특정 직업군을 일컫는 말로

---

12 해당 내용은 2015년 9월 10일, 서울시의회 기획경제위원회(권미경 의원) 주관으로 개최된 '서울특별시 공공부문 감정노동 종사자의 보호에 관한 조례 제정을 위한 공청회'의 발제자 조수진(변호사, 민변 민생경제위원회 부위원장)의 발제문「서울시 감정노동 종사자 보호 조례안의 내용과 법적 쟁점」에서 발췌, 재구성한 것이다.

자리 잡았다.

이에 따라 해당 용어는 때때로 서비스 산업의 노동 전반을 가리키는 말로, 더 나아가 서비스 산업 종사자들이 당면한 여러 가지 문제 상황을 포괄하는 용어로도 혼용되기에 이르렀다.


## 2) 작업장 폭력에 대한 노출

최근 몇 년 동안 감정노동과 더불어 한국 사회의 주요 키워드는 '갑질 문화'였다. 갑을 관계[13]로부터 기인하는 이른바 갑질 행위는 거래상 지위를 이용한 부당한 거래 행위를 일컫는 말로, 최근에는 소비자-서비스 산업 종사자, 사업주-서비스 산업 종사자 간의 상-하, 우-열적 지위를 활용한 과도한 특권 의식의 발현, 이른바 악성 민원 및 작업장 폭력을 일컫는 말로도 통용되고 있다. 이는 한동안 잇달아 화제가 된 '라면 상무', '빵 회장', '땅콩 회항' 사건 등에서도 공통적으로 나타나는 현상으로, 해당 사건들에서도 소위 갑을 관계로부터 기인한 폭언, 폭행이 있었다.

---

13 갑을 관계는 주종(主從)이나 우열, 높낮이를 구분하는 개념이 아니라 수평적 나열을 의미하는 계약서상의 용어였지만, 최근 한국 사회에서는 상하 관계나 주종관계를 의미하는 말로 주로 사용되고 있다(노순규, 2015).

최근 대전 지역 한 백화점에서도 **'갑(甲)'의 횡포**가 벌어졌다. 지난 6일 백화점 의류매장을 찾은 **'갑질녀'는 매장 직원에게 구매한 옷에 대한 교환을 요구했다 거절당하자 고함과 욕설을 퍼붓는 등 난동을 부렸다.** 이어 여성 고객은 화를 참지 못하고 또 다른 매장 관리자의 **뺨까지 때렸다. 일선 현장에서 일하는 서비스업 종사자들이 악성 민원을 제기하는 일부 고객의 '갑질'로 인해 정신적 피해를 당하고 인권 침해를 겪고 있다.** …(중략)… 이들은 기업과 소비자를 연결하는 전문적인 역할을 수행하지만, 일부 몰지각한 '진상 고객'에게 시달리면서 심한 스트레스를 받고 있다. …(중략)… 이처럼 **감정노동 현장에서는 직무 스트레스로 정신건강 및 인권 침해, 원활하지 못한 인간관계, 이직 등 각종 문제가 발생하고 있다.** …(중략)… 강난숙 대전소비자연맹 회장은 "감정노동자들도 존중받아야 할 내 가족, 이웃"이라면서 **"감정노동자들이 안전하고 편안한 환경에서 일할 수 있도록 반말과 욕설 등 언행을 피하고 건전한 소비문화를 조성해야 한다"**고 말했다.[14]

이처럼 한국 사회의 대중매체는 감정노동 이슈를 주로 갑질 문

14 「'웃어도 웃는 게 아닌' 감정노동자 감싸줘야」, 『대전일보』 2015.1.14에서 발췌(강조는 인용자).

화, 작업장 폭력[15]의 문제와 혼용해서 다루고 있다. 그러나 이러한 방식은 서비스업 종사자들이 경험하는 작업장 폭력을 인권 및 노동권 침해의 문제가 아닌 감정노동 차원의 문제로 희석시킴으로써, 폭력 사태의 심각성을 축소시키고 서비스직 종사자들이 수행하는 감정노동 내용에 대한 왜곡된 이해를 양산시켜 문제가 된다.

천안시 등 충남의 공공기관에 근무하는 감정노동자들이 인격 무시와 폭언 등에 시달리고 있는 가운데 여성 감정노동자 피해가 더 심각한 것으로 나타났다. …(중략)… 성적 모욕 및 부적절한 신체 접촉 등 성희롱 피해 경험 감정노동자도 여성이 12.9%로 남성 5.2%보다 두 배나 더 많았다. 여성 감정노동자들은 피해 구제에서도 차별을 겪었다. 인격 무시와 폭언, 성희롱 등 피해 발생시 남성 감정노동자 24.5%는 휴식을 부여받았지만 여성 감정노동자들의 휴식 부여는 16.7%에 그쳤다. 피해로 인한 휴직도 남성 감정노동자는 13%가 가능했지만 여성은 6.8%만 사용할 수 있다고 응답했다. 충남여성정책개발원 안수영 연구위원은 "감정노동 피해 대응이나 구제 조치시 여성이 남성보다 취약한 위치에 놓여 있다"며 "감정노동자 상담 ·

---

15 '작업장 폭력'은 시대에 따라 그 개념이 점차 확대되어, 최근에는 신체적 가해뿐만 아니라 정신 · 심리적인 것, 예컨대 언어 폭력이나 수치심을 유발하는 행위도 포함되는 것으로 이해되고 있다(김왕배, 2009).

치유 프로그램 설계 · 운영시 성별 다른 특성을 반영해야
한다"고 지적했다. 한편, 충남도는 감정노동자 보호를 위
해 내년 상반기 조례 제정 및 가이드를 마련할 것이라고
밝혔다.[16]

감정노동 개념에 대한 사회적 합의가 이루어지지 않은 채, 감정
노동을 대인 서비스 직종을 통칭하는 범주적 용어로 사용하다 보
니, 서비스 직종 종사자들이 경험하는 작업장 폭력의 문제가 감정
노동 차원의 문제로 치환되는 일은 빈번하다. 그러나 폭언, 폭행,
성희롱 등의 폭력으로부터 근로자를 보호할 장치가 없다는 것은
'고객에게 친절해야 한다'는 감정노동에 대한 기업체의 요구와는
엄격히 구분되어야 할 심각한 사회문제임을 간과해서는 안 된다.
물론, 감정노동의 특수성과 작업장 폭력의 문제가 완전히 분리
되지 않기 때문에 이 두 가지 논의는 자주 혼용되고 있다. 실제 안
전보건공단에서 발간한 한 보고서는, 감정노동의 업무 수행이 작
업장 폭력의 경험과 밀접한 관련성을 보이고 있다는 점에 착안,
감정노동이 작업장 폭력의 주요 위험 요인으로 작용할 수 있다는
점에서 감정노동과 작업장 폭력의 문제는 함께 다루어져야 한다

---

16 「충남 공공기관 감정노동자 피해 여성 더 심각」, 『대전일보』, 2017.12.28에
　　서 발췌(강조는 인용자).

고 주장한다(장세진 외, 2012 : 7). 그러나 작업장 폭력의 문제가 엄연히 법적 제재가 필요한 인권 침해의 문제임을 고려하면, 작업장 폭력이 감정노동의 내용과 혼용될 때 발생할 수 있는 문제점 또한 간과되어서는 안 될 것이다.

거듭 강조하건대, 대인 서비스직 종사자가 작업장 폭력에 무방비하게 노출되는 현상은, 한국 사회의 파행적 서비스 문화 및 서비스직 종사자의 법적 권리를 포괄하지 못하는 기존 노동법의 한계로서 다루어져야 하는 것이지, 이들이 감정노동을 수행해야 하기 때문에 겪는 필연적인 문제로 다루어질 내용은 아니다. 감정노동의 내용과 작업장 폭력의 문제를 혼용해 다루는 것은, 작업장 폭력의 문제를 서비스업 종사자들이 필연적으로 감내해야 하는 노동의 과정으로 해석될 여지를 남기기에 더욱 위험하다. 고객에 대한 친절과 상냥한 웃음이라는 감정노동의 내용은 작업장 폭력을 감내해야 하는 서비스직 종사자의 모습으로 이해되어서도, 이러한 문제적 상황을 용인하는 근거로 활용되어서도 안 될 것이다. 서비스직 종사자들이 작업장 폭력으로부터 보호받아야 하는 것은, 이들이 감정노동자이기 때문이 아니라, 그것이 모든 노동자들이 누려야 할 기본권이기 때문이다.

## 3) 규제해야 할 사회문제

감정노동의 내용이 작업장 폭력에 대한 무방비한 노출과 폭력을 참아내야 하는 서비스직 종사자의 모습으로 그려지면서, 감정노동은 재평가받고 보상받아야 할 직무의 요소가 아닌, 그 자체로 규제해야 할 사회문제로 다루어지기도 한다.

> **감정노동 문제를 근본적으로 해결하고 예방하기 위한** 토론회가 15일 국회의원회관 제8간담회실에서 진행 중이다. 토론회에 앞서 심상정 정의당 원내대표는 **감정노동 문제가 언제 어떤 형태로 사회적 분노로 표출될지 모르기 때문에 이를 사회적 문제로 인식할 필요가 있다고 제언했다.** …(중략)… 이 실장은 전국 감정노동 종사자 수는 대략 800만 명 정도며 **감정노동은 기본적으로 인권 침해의 소지가 있다고 설명했다.** 이는 곧 근로자의 정신건강 저하 및 노동력 상실로 이어지며 이를 해결하기 위해 사회적 비용이 늘어날 수밖에 없다는 지적도 보탰다. 이에 더해 **"감정노동자 문제를 개인문제로 해결하기에는 한계에 도달한 만큼 사회문제로 인식해야 한다"**며 "기업은 감정노동 수당, 감정 휴가 등 보상 제도를 도입해 노동 조건을 개선해야 하고, 현재 국회에 표류 중인 감정노동자 보호 법안이 조속히 통과돼 법적으로 이들을 보호해야 한다"

고 말을 더했다. …(후략)[17]

위 기사에서 살펴볼 수 있는 것처럼, 감정노동 개념에 대한 모호한 이해 및 사용은, 결과적으로 감정노동을 해결해야 할 사회문제이자 사회적 규제가 필요한 반인권적 노동 행태로 바라보게 만들었다. 감정노동은 그 자체로 부정적인 의미를 내포하게 된 것이다.

혹실드(Hochschild, 1983) 역시 감정노동의 부정적 측면들을 지적한 바 있다. 감정노동에 대한 사회적 요구에 젠더와 계급에 따른 차이가 발생하고 있으며, 감정의 상업적 활용이 현대인의 감정 소외를 야기하고 있다는 것 등이다. 그러나 이와 동시에 감정노동이 서비스직 종사자들이 수행하는 주요한 직무 요소라는 입장에서, 감정노동의 구체적 내용을 언급한 바 있다. 즉, 혹실드는 비가시화되었던 감정노동 그 자체를 주요한 '노동'의 일부로 부각시키고자 했던 것이다.

그러나 한국 사회에서 감정노동 개념은, 그동안 드러나지 않았던 서비스직 노동에 대한 가치의 제고보다는 주로 서비스직 종사자들의 업무상 고충, 그중에서도 고객의 폭력에 무방비하게 노출

---

17 「심상정 "감정노동 문제 해결하려면 법적조치 뒤따라야"」, 『프라임경제』 2014.10.15에서 발췌.

된 상황을 드러내기 위한 편향된 목적으로 사용되고 있다. 그 결과 감정노동은 정당한 보상과 인정을 받아야 하는 직무 요소로서가 아닌, 그 자체로 규제가 필요한 사회문제로 인식되고 있는 것이다.

이제 한국 사회에서 감정노동은 "언제 사회적 분노로 표출될지 모르는" 해결해야 할 사회문제로 다루어지고 있다.

# 3. 현행 논의의 한계

한국 사회에서 감정노동은, 서비스직 종사자들이 당면한 사회 문제를 포괄하는 용어로 자리매김하였다. 앞에서 살펴본 바와 같이, 감정노동이라는 개념은 서비스직 노동을 통칭하는 범주적 용어임과 동시에, 폭력의 문제마저 용인하는 파행적 기업 문화, 그리고 이를 감내해야 하는 서비스직 종사자의 열악한 노동 현실을 포괄한다. 따라서 이 같은 개념은 서비스 산업 노동에 대한 단편적이고도 왜곡된 이해를 양산한다는 점에서 한계를 갖는다.

실제로 한국 사회에서 통용되는 감정노동 및 감정노동자 개념은 서비스직 종사자들이 실질적으로 수행하는 다양한 직무 요소들을 비가시화시켰다. 그리고 해당 종사자들은 다양한 매체를 통해 감정노동만을 수행하는 단순 노동자이자 보호가 필요한 사회적 약자로서 그려지게 되었다. 서비스직 종사자의 직무 전문성에 대한 정확한 이해가 결여된 채, 이들 직무가 단순히 욕먹어도 참는 것, 고객의 비위나 맞추는 일 등으로 묘사되면서 서비스직 노동 전반에 대한 편향된 이해와 해당 노동의 전문성에 대한 가치절하가 재생산되고 있는 것이다.

초기 혹실드(Hochschild, 1983)에 의한 감정노동의 개념화는, 기존의 노동 개념으로는 포괄할 수 없는, 서비스직 노동의 특수성을 가시화하기 위한 노력으로 해석될 수 있다. 이는 지불되지 않은 비용으로 남아 있는 서비스직 종사자들의 감정노동을 주요한 직무 수행 요소로 부각시키고, 이를 통해 해당 노동에 대한 가치의 재평가를 촉구하려는 움직임이었다.

물론 한국 사회에서 감정노동 가시화를 통해 이룬 긍정적 성과를 간과할 수는 없을 것이다. 서비스직 종사자들의 업무상 고충이 가시화되면서, 이들의 권리를 포괄하지 못하는 법제도적 한계에 대한 문제 제기가 이루어졌고, 이들의 권리 보호를 위한 다양한 지원의 움직임이 일고 있기 때문이다. 그러나 이러한 긍정적 영향력에도 불구하고, 감정노동 개념의 모호한 정착과 무분별한 사용은, 오히려 서비스직 노동에 대한 왜곡된 이해와 평가절하를 고착화시키는 딜레마를 낳고 있다.

# 콜센터 노동 이해하기
## :희망카드 콜센터 이야기

Emotional Labor,
The Trap In Its Name

# 1. 콜센터 상담원은 무슨 일을 할까?

콜센터 노동은 오랫동안 표준화된 업무를 수행하는 단순, 반복적 업무로 여겨져왔다.[1] 따라서 직무 내용과 관련해서 이들의 노동은 크게 주목받지 못했던 것이 사실이다. 이 장에서는 이러한 콜센터 상담원의 구체적 직무 내용을 드러내고자 한다. 직무 내용은 이들의 구체적 노동 과정을 확인함으로써 드러날 수 있으며, 이 과정에서 우리는 서비스업 종사자들이 실질적으로 수행하고 있는 감정노동의 실체를 확인할 수 있을 것이다. 과연 우리는 콜

---

1 테일러와 베인은 콜센터 작업 체제를 '고객 서비스 노동의 테일러화'로 설명하였으며, 콜센터 노동을 표준화된 반복적 업무로 설명한 바 있다. 이들은 자동화된 콜센터의 작업 환경이 작업의 표준화, 분절화를 가져옴으로써 콜센터 노동의 탈숙련화를 가져왔다고 보았다(Taylor & Bain, 1999; Bain et al., 2002).

센터 노동에 대해 얼마나 알고 있을까. 콜센터 상담원은, 기존의 통념처럼, 대부분의 업무 시간을 감정노동에 할애하고 있을까.

## 1) 채용 및 신입 교육 과정

진입장벽이 낮다는 콜센터 노동에 대한 통념은 사실 콜센터 구인 광고를 통해서도 쉽게 증명된다. 인터넷 구인 · 구직 사이트에서 쉽게 찾아볼 수 있는 콜센터 구인 광고의 대부분은 콜센터 상담원의 자격 요건으로 "연령 무관, 고졸 이상, 신입"의 조건을 내걸고 있기 때문이다. 콜센터의 경우 전화 응대를 하는 업무의 특성상 연령 기준도 자유로울 것이라 간주되며, 표준화된 업무로서 누구나 할 수 있는 쉬운 일로 여겨지고 있는 것이다. 또한 "성실하고 긍정적인 CS 마인드 소유자" 및 "여성 우대"라는 희망카드 콜센터의 모집 요강을 통해 대인 상담 업무의 특성이 전통적 여성의 특질과 연결되고 있음 또한 확인할 수 있다.

희망카드 콜센터의 채용 과정은 [그림 2]와 같이 진행되었다.

[그림 2] 희망카드 콜센터 상담원 채용 과정

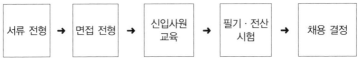

　　　　　제4장 콜센터 노동 이해하기 : 희망카드 콜센터 이야기

채용 과정의 1단계인 '서류 전형'의 탈락자는 거의 전무하다고 볼 수 있다. 희망카드 콜센터의 경우 매달 신입사원을 충원하고 있는데, 채용 담당자가 인터넷 구직·구인 사이트를 직접 접촉하여, 열람 가능한 구직자의 이력서를 확인해 직접 연락하는 형태를 취할 만큼 인력 충원이 시급하기 때문이다.[2] 참여관찰 당시, 실질적으로 '신입사원 교육'에 참석한 많은 지원자들이 채용 담당자의 연락을 받고 참석한 것을 확인할 수 있었다. 이는, 아웃소싱의 고용 형태를 주로 취하는 콜센터의 근무 조건이 회사마다 비슷하고, 업무 강도에 비해 장기 근속이 주는 이점이 취약한 탓에, 동일 직종 내에서 잦은 이직을 하게 되는 콜센터 업종의 특성 때문이기도 하다.

채용 과정의 2단계인 '면접 전형'은 QA(Quality Assurance, 통화품질) 담당자와의 간단한 면접 형식으로 진행되었다. 면접관은 지원자의 과거 경력 등을 확인하며 성실성을 파악하고 또 당부했으며 몇 가지 질문들을 통해 지원자의 업무상 자질을 확인하였다. 이때 스트레스 관리 방법과 폭언하는 고객에 대한 대처 방법을 묻

---

2  콜센터 상담원의 경우 동일 직종 내에서 잦은 이직을 하는 경우가 많다. 따라서 콜센터 경력이 있는 구직자의 경우, 인터넷 구직 사이트에 자신의 이력서를 '공개' 등록하고, 원하는 지원 분야에 '콜센터'를 표기해놓으면, 인력 충원이 시급한 콜센터의 채용 담당자들이, 개인 구직자를 쉽게 접촉할 수 있다.

는 면접관의 질문 및 전산 활용 능력을 확인하는 면접관의 질문을 통해 콜센터 상담원에게 필요한 업무 수행 자질이 감정 관리 능력과 전산 활용 능력임을 예측할 수 있었다.

한편, 콜센터 상담원 채용 과정에서 가장 핵심적인 부분은 채용 과정의 3단계인 '신입사원 교육'이다. 카드사 콜센터 상담원의 주된 업무는 전화를 걸어 온 고객의 문의에 신속, 정확하게 답하는 일이다. 인바운드 상담원의 경우 고객의 문의 내용을 예측하기 어렵기 때문에 카드사 업무 전반에 대한 전문적 지식 습득이 필수적이다. 상담 매뉴얼이 있다 해도, 문의하는 고객의 상황에 따라 적용 기준이 달라지고 민원 발생에 따른 예외 상황이 빈번히 발생하기 때문에, 콜센터 상담원의 업무는 사실상 정형화되기 어려운 부분이 있다. 따라서 콜센터 상담원 채용 과정에서 가장 핵심적인 부분은 '신입사원 교육'이다.

상담원의 역량을 갖추기 위해 업무 교육을 충실히 이수하고 해당 시험을 통과하는 일은, 정식적 절차의 채용이 이루어지기 전에 진행된다. 업무 교육을 제대로 수료하지 않으면, 채용 후 바로 '실전'에 투입되는 콜센터 업무의 특성상 절대 채용될 수 없으며, 해당 교육 내용을 전부 이해하고 상담에 적용할 수 있는지의 여부는 롤플레잉과 시험을 통해 확인된다.

실제로 필자는 희망카드 콜센터에 입사하기 위해, 3주(15일, 120시간) 간의 신입사원 업무 교육을 이수하였다. 당시 해당 아웃소싱 업체에는 총 17명의 지원자가 교육에 참여하였으며, 1명을 제외하고는 모두 여성이었다. 희망카드 콜센터는 희망카드사의 또 다른 아웃소싱 업체들과 같은 건물에 입주해 있었기 때문에 신입사원 교육은 3개의 아웃소싱 업체가 함께 진행하였다. 참여 관찰 당시, 3개의 업체를 모두 합쳐 지원자의 수는 총 43명이었고, 남성 지원자 1명을 제외하고는 모두 여성이었다.

3개 업체가 함께 진행하는 신입사원 전산 교육장은 첫날부터 자리가 부족했다. 교육과정 중에 자진 이탈하는 경우가 많은 탓에 한정된 자릿수보다 초과하여 입사 지원자를 모집하는 것이 관례인 듯했다. 본격적인 업무 교육이 시작되자마자 입사 지원자들의 볼멘소리가 이어졌으며 실제로 며칠 지나지 않아 자진 이탈하는 교육생의 수가 늘어났다. 진도가 무척 빠른 데다 복잡한 전산 시스템을 다루는 것도 힘이 들었기 때문이다. 매일 쉬는 시간마다 배운 정보를 전산에 반영해 실습하는 전산 연습 문제가 배포되었고, 습득한 내용은 매일 일테스트를 통해 점검되었다. 교육 일정은 [표 5]와 같이 빽빽하게 진행되었다.

교육과정은 실제 상담원들이 상담에 투입될 때 반드시 알아야 하는 최소한의 필수 지식 습득과 전산의 활용, 롤플레잉 과정으로 구성되어 있다.

## [표 5] 희망카드 콜센터 신입사원 교육 시간표[3]

| 시간\회차 | 9~10시 | 10~11시 | 11~12시 | 12~1시 | 1~2시 | 2~3시 | 3~4시 | 4~5시 | 5~6시 |
|---|---|---|---|---|---|---|---|---|---|
| 1 | 오리엔테이션 | | 교육과정 소개 | | 전산다루기 | | CS마인드 | | 등록 |
| 2 | 분리 청구 | | 본인/타인 확인 | | 본인/타인 확인 | 청구 | | | 일테스트 |
| 3 | 승인 | | | | | 한도 | | 개인정보 | 일테스트 |
| 4 | 결제 | | 결제계좌 | | 결제계좌 | 상담사례 | 스크립트 | 롤플레잉 | 일테스트 |
| 5 | 연회비 | | | | 결제 전산 | | 결제일 | | 일테스트 |
| 6 | 필수응대 | 롤플레잉 | | | 서비스 | | 리볼빙 | | 일테스트 |
| 7 | 리볼빙 전산 | | 제휴카드 | 중식 | 제휴카드 | 제휴전산 | 발급 | | 일테스트 |
| 8 | 도난 분실 | | 발급 | | 발급 | 카드 포인트 | | | 일테스트 |
| 9 | 선포인트 | | 필수응대 | | 비밀번호 | | 롤플레잉 | | 일테스트 |
| 10 | 복지카드 | | | | 공공요금 | | 체크카드 | | 일테스트 |
| 11 | 상태 코드 | | | | 상담 사례/필수 응대 | | 롤플레잉 | | 일테스트 |
| 12 | 필수 응대 | | | | 해외 | | 민원 | | 일테스트 |
| 13 | 대출 | | | | 선포인트전산 | 전산 리뷰 | 롤플레잉 | | 일테스트 |
| 14 | 총 테스트 | | | | 가맹점 | 판촉 | 평가항목 | 호응어 | 퀴즈 대회 |
| 15 | 본인 확인/필수 응대 | | 상담 사례 | | 상담 사례 | 롤플레잉 | | | 채용 결과 |

3 희망카드 콜센터 신입사원 교육 시간표를 기초로 재구성

교육의 내용은 기본적인 카드 시스템(카드의 발급 과정, 카드 사용 대금의 승인 및 청구 과정 등)을 이해하고, 희망카드사 고유의 정책(포인트나 마일리지, 복지카드, 제휴 서비스 등)을 숙지하며, 콜센터에서 수행하는 전반적인 업무(고객의 신상정보 변경, 결제, 상품 서비스 안내, 카드 발급, 분실 신고, 민원 처리, 공공요금 납부 등)를 습득하는 것으로 구성된다. 상담원 경력이 최소 1년은 지나야 법인회원 및 가맹점 상담이 가능하기 때문에, 신입사원은 개인회원만을 대상으로 한 상담 업무 교육을 받는다. 그럼에도 불구하고 신입사원 연수 교재의 내용은 400페이지에 달할 만큼 방대했다. 적게는 수십에서 세부적으로는 수백 가지의 유형으로 나눌 수 있는 상담 업무의 내용을 유형별로 습득하고 전산 화면까지 익히기에 3주의 시간은 턱없이 부족하지만, 회사는 시간과 비용의 현실적 제약으로 인해 신입사원에게 업무를 습득할 만한 충분한 시간을 허락하지 않는다.

교육과정 중에 가상의 고객을 전화상으로 응대해보는 상담 실습 과정인 롤플레잉 시간이 포함되어 있지만, 교육생의 인원이 많아 교육 과정 내내 교육생당 한두 번의 롤플레잉밖에 주어지지 않는다. 시간의 부족으로 인해, 상담 실습도 제대로 하지 못한 채 신입사원들은 채용 후 바로 '실전'에 투입되고 있는 것이다.

실제로 상담원 및 교육 강사들 사이에서 상담 업무는 부딪치며 배우는 일로 통한다. 3주 간의 신입사원 교육에서 다룰 수 있는 내용은 상담 업무의 '빙산의 일각'이기에, 짧은 신입사원 교육으로 방대한 상담 업무를 이해하는 것은 '당연히 불가능하다'는 뜻이다.

빡빡한 교육 일정을 소화하고 최종 채용 시험에 통과하기 위해서는 나머지 공부를 할 정도의 노력이 필요하다. 실제로 필자는 총 테스트가 진행되기 전 3일 동안 다른 교육생들과 함께 자발적인 나머지 공부를 했다. 주어진 교육 시간 동안 교육 내용을 모두 숙지하고 전산까지 익히는 것이 사실상 불가능했기 때문이다. 그러나 콜센터 노동에 대한 평가절하로 인해, 입사 지원자들은 교육에 임하는 동안 실제 가족이나 애인으로부터 "뭐 대단한 일이라고 그렇게 공부를 시키냐"라는 소리를 듣기도 했다.

해당 교육을 이수하면, 채용 과정의 마지막 단계인 시험을 치른다. 시험은 필기시험과 전산시험으로 나누어지며, 필기시험은 교재의 내용을 숙지하면 풀 수 있는 이론 문제로, 전산시험은 숙지하고 있는 지식을 고객의 정보에 대입해 전산상에서 답을 구하는 방식으로 구성되어 있다. 실제 전산시험의 난이도는 높은 편이어서 문제의 절반도 풀지 못하고 시험 시간이 종료된 입사 지원자들도 있었다.

시험이 끝난 후, 시험 점수와 근태, 롤플레잉 점수 등을 모두 고려해 채용 여부가 결정된다. 3개의 위탁업체를 모두 합친 지원자 43명 중, 중도 이탈자들을 제외하고, 업체별로 5명씩 총 15명의 최종 합격자가 발표되었다.

참여관찰 결과, 콜센터 진입장벽에 관한 통념은 일견 사실이기도, 사실이 아니기도 했다. 희망카드 콜센터의 경우 실제 신입사원 업무 교육의 수준은 매우 높기 때문에 중도 이탈자나, 최종 시험의 탈락자가 많이 배출되었다.[4] 그러나 채용이 결정된 이후에도 높은 업무 강도와 상담 지식 부족 등의 이유로 업무에 적응하지 못한 상담원들이 대거 퇴사하기 때문에 매달 상담원의 정원은 미달이다. 이러한 이유로 콜센터는 매달 신입사원을 모집함으로써 부족한 인력을 충원한다. 희망카드사는 매년 아웃소싱 업체들 간의 실적을 비교, 평가하여 도급비를 재산정하고 계약 연장 여부를 결정하기 때문에 아웃소싱 업체들 간 실적 경쟁은 불가피하다. 이때 실적 평가에는 정해진 인원에 따른 콜 처리율이 집계되기 때문에 아웃소싱 업체는 매달 상담원들의 근태를 관리하고 높은 수준의 콜 실적을 요구한다. 그러나 높은 업무 강도와 열악한 근무 환

---

4  연구 대상 업체의 신입사원 교육에 참여했던 17명 중 3명은, 교육 과정 중에 자진 이탈했으며, 14명이 교육 수료를 거쳐 필기 및 전산시험을 치른 후 9명이 탈락, 필자를 포함한 5명이 최종 합격하였다. 그러나 함께 교육을 진행했던 타 위탁업체 콜센터의 경우, 자진 이탈자가 많아 최종 교육 수료를 거친 5명이 시험 점수에 상관없이 전원 합격한 경우도 있었다. 결원이 자주 발생하는 콜센터의 경우 인력 충원이 시급하기 때문에 '취업의 문턱'은 자연히 낮아질 수 있으나, 수많은 입사자가 취업 후에도 잦은 중도 이탈을 하는 모습을 볼 때, 이를 단순히 '진입이 쉽다'는 문제로 해석할 수는 없을 것이다.

경으로 인해 매달 퇴사자가 발생하며, 부족한 인원을 채우기 위해 콜센터는 매달 공개 채용을 진행하는 것이다. 그러나 매달 진행되는 신입사원 업무 교육은, 습득해야 하는 방대한 지식의 양에 비해 주어진 시간이 지나치게 짧고, 이는 다시 자격 미달인 신입사원의 채용으로, 이는 다시 업무 부적응으로 인한 퇴사의 악순환으로 이어지고 있는 것이다.

이러한 고용 구조의 악순환은 자연히 상담원들의 근로 환경 저하의 문제로 이어질 수밖에 없기에 더욱 문제적이다.

## 2) 직무 수행 과정과 그 특징

### (1) 높은 노동 강도

희망카드 콜센터의 전화 상담 시간은 오전 9시부터 오후 6시까지이다. 그러나 오전 9시부터 전화 응대를 하기 위해서 상담원들은 8시 30분 이전에 출근을 하며, 상담 업무의 후처리 및 업무 교육 수강 등을 위해 6시 30분 이후에 퇴근을 한다. 상담원들은 8시 30분 이전에 사무실에 도착하면 출근부에 출근 시간을 수기로 적고 사인을 한다. 그리고 3번의 보안 비밀번호를 입력해야 접속할 수 있는 컴퓨터 전산 시스템에 로그인한다. 상담원에게 지급된 각각의 컴퓨터는, 설정된 비밀번호와 개인의 사원번호를 입력해야

만 접속이 가능하고 여러 가지 보안 시스템이 설치되어 있어 부팅 속도가 느린 관계로, 로그인을 하는 데에만 3~5분의 시간이 소요된다.

전산 시스템 로그인 후, 언제든 인입되는 전화를 받을 수 있는 '통화대기'[5] 버튼을 누름으로써 상담원은 자신의 출근을 알린다. 전산상 로그인 상황을 통해 희망카드사의 모든 아웃소싱 업체에 소속된 상담원의 출결 사항은 실시간으로 모니터링된다. 전산 시스템에 일단 로그인이 되면, 고객의 정보가 열람되는 상담 창 이외에 상담정보방[6] 페이지를 열람하여 새롭게 업그레이드된 카드사 정책 및 신규 이벤트 등을 숙지한다. 만약 8시 30분이 지났는데도, 자리에 앉아 상담정보방을 열람하고 있지 않으면, 각 팀의 팀장들이 돌아다니며 상담정보방을 확인하라고 재촉하고 때때로 소리를 친다. 그리고 팀장들은 상담원들의 지각 여부를 확인해 지각자에게 연락을 취한다. 상담원들의 전산상 '대기' 상태는 실시간

---

5  언제든지 상담원의 헤드셋을 통해 고객의 전화가 인입될 수 있는 '통화대기' 상태를 의미한다. 9시 정각부터 전화가 인입되기 때문에 출근 후 전산상에 '통화대기' 버튼을 눌러야, 상담원의 출결 여부가 전산상으로 확인된다.
6  매일 업그레이드되는 카드사의 이벤트나 신규 공지사항 등이 등록되는 전산상의 페이지이다.

으로 모니터링되며, 대기율이 저조한 날에는 콜센터의 부매니저[7]
가 사내 단체 메신저를 통해 팀별 대기율을 알리는 쪽지를 보냄으
로써 상담원들의 대기를 채근한다.

정확히 8시 40분이 되면, 팀별 조회를 위해 상담원들은 자신이
소속된 팀 팀장의 자리로 모인다. 팀장은 당일의 공지사항을 프린
트물로 배포하고 팀원들과 함께 읽는다. 어제 발생한 민원사항이
나 그날의 공지사항들을 전달하고 나면, 팀장의 선창에 맞추어 인
사말과 호응어 등을 상담원들이 다 함께 복창한다. 10분간의 팀별
조회가 끝나고 8시 50분이 되면 방송 교육을 듣기 위해 자리로 돌
아와 앉는다. 8시 50분부터 55분까지, QA(Quality Assurance, 통화
품질) 담당자가 방송을 통해 간단한 공지사항 전달 및 교육을 진
행한다.

8시 55분이 되면 비로소 화장실에 다녀오거나 자리를 비울 수
있는데, 전산상에 '대기' 버튼을 눌러놓은 상태에서는, 정확히 9시
가 되면 전화가 인입될 수 있기 때문에 9시가 되기 전까지 반드시
착석해야 한다. 만약 9시 전에 돌아오지 못할 것 같으면 화장실은
가지 않는다. 무조건 '첫 콜은 받고 가는 것'이 규율이다. 이 같은
규칙 때문에 조회 시간이나 방송 교육 시간에 양해를 구하고 화장

---

7 희망카드 콜센터의 인사 구조는 '상담원(초급-중급-일반-시니어)-부팀
  장-팀장-부매니저-매니저-센터장'이다.

실을 다녀오는 상담원도 있다. 이같이 상담원의 출근 후 시간은 5분 단위로, '화장실 갈 시간도 없이' 바쁘게 흘러간다.

희망카드 콜센터의 사무실 배치는 [그림 3]과 같다 [8].

[그림 3] 희망카드 콜센터 사무실 배치도[9]

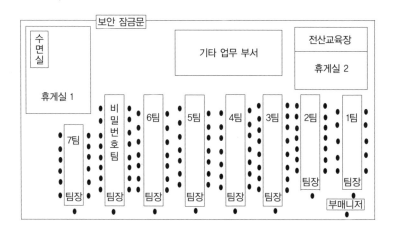

---

8　희망카드 콜센터는 직원 휴게실 및 수면실을 구비하고 있다. 그러나 실제로 '휴게실'은 직원들의 휴게 공간이라기보다는 상시적인 교육 진행을 위한 교육장이자, 중식 시간의 잦은 단축(30~40분)으로 인해 외부로 식사를 하러 나갈 수 없는 상담원들이 집에서 싸 온 도시락을 먹거나 배달 음식을 시켜 먹는 장소로 활용되고 있다. 또한 '수면실'은, 실질적으로 상담원들이 짧은 중식 시간을 쪼개거나 스스로 반납했을 경우에만 사용이 가능하다.

9　필자 작성.

## (2) 숙련의 필요성

### ① 자동화된 콜 응대 과정 : 속도와 숙련

희망카드 콜센터의 전화 응대는 모두 컴퓨터 시스템으로 자동화되어 있다. 콜 배정이 자동으로 이루어짐은 물론이고, 상담원들의 통화 및 대기 상태, 고객의 상담 전화 대기율 및 포기율 등이 모두 실시간으로 집계된다. 여기에서 자동화된 콜 배정 시스템은, 전산상 통화대기 상태의 상담원 중, 대기 시간이 긴 상담원에게 우선적으로 콜을 배정하며 전화 인입과 동시에, ARS를 통해 고객이 입력한 정보에 따라, 고객의 개인정보 화면을 상담원의 모니터에 띄워주는 방식으로 운영된다. 상담원은 전산상 '통화대기' 버튼을 통해 언제든 전화 상담이 가능한 상태를 유지할 수 있으며, 반대로 앞선 상담의 후처리나 자리 비움을 위해 전화 연결이 되지 않도록 하려면, '고객 요청' 버튼을 눌러놓아야 한다. 즉 고객 요청 상태란 전화 연결이 되지 않는 상태를 의미하며 모든 상담원들의 업무 상황은 전산상 '통화 중/통화대기/고객 요청/자리 비움/식사 중/교육 중/로그아웃' 등의 상태 버튼을 통해 관리자가 실시간으로 모니터링한다. 이때 상담원의 통화대기 시간이 길어질수록 전화가 우선적으로 배정되기 때문에 숙련된 상담원일수록 '고객 요청' 버튼을 누르지 않고 통화대기 상태에서 많은 일들을 처리함으로써 할당된 콜 실적을 달성할 수 있다.

선택이나 노력의 여지 없이, 걸려오는 전화만을 받는다고 간주되는 인바운드 상담원에게 채워야 하는 콜 실적이 있다는 것은 언뜻 상상하기 어려운 일일 수도 있다. 그러나 인바운드 상담원에게도 경력에 따라 차등적으로 배분되는 콜 실적이 있다는 사실은, 상담원의 숙련 여부에 따라 콜 실적이 달라질 수 있음을 확인시켜 준다. 인바운드 상담원에게 할당되는 콜 실적에는 상담원이 하루에 처리해야 하는 콜 수 및 기타 프로모션 영업 실적 등이 포함된다. 이때 상담원이 처리하는 콜 수는 실시간으로 집계되어 개별 상담원의 실적 및 소속 팀의 실적, 소속 아웃소싱 업체의 실적으로 이어진다. 인바운드 상담원이 채워야 하는 영업 실적이란, 시기에 따라 본사 차원에서 아웃소싱 업체들에게 할당하는 업무를 의미한다. 예를 들면, 공공요금이나 지방세 납부 기간에 다른 용무를 위해 전화를 걸어 온 고객에게 해당 요금을 희망카드로 납부하도록 유도하거나, 새로 출시된 프리미엄 카드의 발급을 권유하며, 추후 아웃바운드 부서에서 기타 영업 관련 전화를 할 수 있도록 개인정보 활용에 대한 사전 동의를 구하는 것 등이다. 콜 수 및 영업 실적 등이 포함되는 상담원의 콜 실적은 아웃소싱 업체들 간의 실적 순위에 반영되기 때문에, 개별 상담원의 실적 관리는 해당 팀, 해당 아웃소싱 업체 차원에서 강도 높게 관리되고 있다.

다수의 아웃소싱 업체들 간 실적 경쟁을 통해 고객센터를 운영하는 카드사의 특성상, 상담원들이 느끼는 실적의 압박은 상당하다. 상담원이 콜 실적을 채우기 위해서는, 일단 전화를 타 상담원과 비교해 양적으로 많이 받아야 하는데, 이는 콜 수 채우기뿐 아니라 영업 실적 채우기를 위해서도 중요하다. 영업 실적을 채우기 위해서는 많은 고객에게 해당 프로모션을 양적으로 많이 권유하고 홍보하는 것이 필수적이기 때문이다. 그러나 자동화된 콜 응대 시스템을 통해 전화를 많이 받는 것은 실질적으로 상당한 숙련을 필요로 한다. 희망카드사의 다수의 아웃소싱 업체에 소속된 천여 명의 상담원 중에서 동시에 통화대기를 하고 있는 수십 혹은 수백의 상담원 중 자신의 컴퓨터에 전화가 먼저 연결되게 하기 위해선 통화대기 시간을 늘려야 하고, 이를 위해서는 앞선 상담의 후처리를 하는 중에도 '고객 요청' 버튼을 누르는 일이 없어야 하기 때문이다.

따라서 자동화된 콜 응대 과정에서, 콜 실적을 채우기 위해선 상담원들의 속도 관리가 관건이다.

상담원의 일반적인 콜 응대 과정은 [그림 4]와 같이 진행된다.

[그림 4] 콜 응대 과정

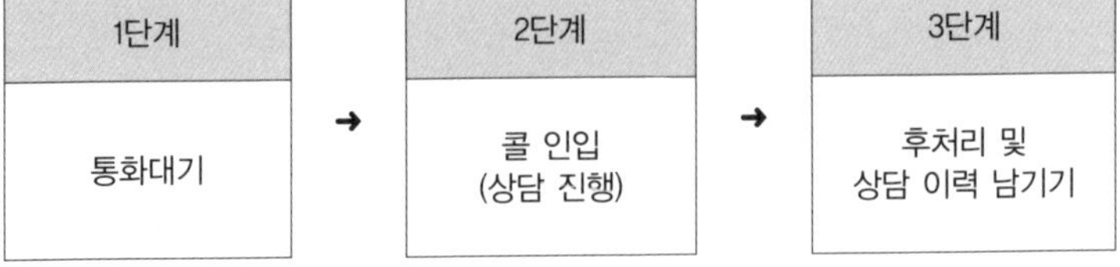

| 1단계 | | 2단계 | | 3단계 |
|---|---|---|---|---|
| 통화대기 | → | 콜 인입 (상담 진행) | → | 후처리 및 상담 이력 남기기 |

### 1단계 통화대기 : 시간의 효율적 활용 능력

상담원이 전산상 통화대기 상태를 유지하면, 컴퓨터에서 자동적으로 콜이 배정된다. 이때 전화의 수신 방식은 수화기를 들어 전화를 받는 방식이 아니라, 착용하고 있는 헤드폰에서 전화 인입을 알리는 "삐~" 소리와 함께 문의 전화가 즉시 연결되는 방식이다. 상담원이 전화 수신을 선택할 수 있는 것이 아니기 때문에 착용한 헤드폰에서 "삐~" 소리가 나면, 바로 정해진 인사말을 전해야 한다. 따라서 상담원은 상담을 진행하지 않는 대기 상황에서도, 이 소리를 놓치지 않기 위해 언제나 긴장 상태를 유지한다. 이 통화대기 시간 동안 앞선 상담의 후처리를 하거나 새롭게 업데이트된 카드사 이벤트 및 공지사항 등을 전산상으로 확인하고 숙지하는 것이 권장되지만, 언제 전화가 연결될지 모르는 긴장 상태 속에서 통화대기 시간을 효율적으로 활용하기란 쉽지 않다. 이로 인해 신입 상담원들에게 전화 인입을 알리는 "삐~" 소리는 일명 '공포의 소리'로 일컬어진다. 가지고 있는 상담 업무 지식이 부족한 상태에서, 어떤 고객이 어떤 문의를 해올지 사전에 예측하고 대비할 수 없는 까닭이다. 따라서 통화대기 시간을 효율적으로 활용할 수 있다는 것은 그 자체로도 상담원이 어느 정도 숙련을 쌓았음을 의미한다. 또 반대로 통화대기 시간의 효율적 활용은, 상담원에게 계속해서 업무 지식을 습득하고 더 많은 콜 응대 훈련을 가능하게 하는 시간을 벌어줌으로써 상담원의 숙련 형성을 이끌어낸다.

## 2단계 콜 인입(상담 진행) : 멀티태스킹 능력

콜 인입 후 일반적인 상담의 과정은 [표 6]에 제시된 바와 같이 '첫인사-문의 확인(재질의)-본인 확인-상담-추가 문의 확인-끝 인사'순으로 이루어진다. 그리고 모든 상담의 내용은 자동으로 녹음된다.[10]

[표 6] 상담 진행 과정 및 스크립트[11]

| 구분 | 일반적 스크립트 |
|---|---|
| 첫인사 | *"안녕하십니까, 희망카드 상담원 OOO입니다. 무엇을 도와드릴까요?"* |
| 문의 확인(재질의) | *"OOOO OOO 말씀이십니까?"* |
| 본인 확인 | *"고객님의 소중한 정보 보호를 위해 몇 가지 확인 후, 안내해드리겠습니다."* **[고객의 문의 내용 및 개별적 상황에 따른 희망카드사 내규 적용, 본인확인 절차 진행]** *"네, 소중한 정보 확인 감사합니다."* |
| 상담 | **[문의 내용에 맞는 안내]** |
| 추가 문의 확인 | *"다른 문의 사항은 없으십니까?"* |
| 끝인사 | *"행복한 하루 보내십시오.* **[차별화 인사]** *희망카드 OOO이었습니다."* |

---

10 녹음된 내용은 추후 발생할 수 있는 분쟁을 조정하는 증거 자료로 활용되며, 상담원의 상담 내용을 모니터링하고 평가하는 자료로도 활용된다.

11 필자 작성.

## [그림 5] 희망카드 콜센터 상담원 전산 '마스터 화면'[12]

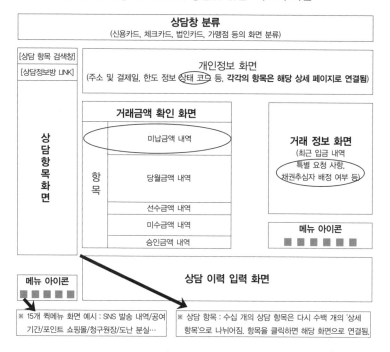

일단 전화가 연결되면, 상담원의 컴퓨터 모니터에는 [그림 5]와 같은 개인 회원의 전산 마스터 화면이 띄워진다. 이때 상담원은 상담 진행 과정의 첫 번째 '첫인사'에 해당하는 인사말을 전함과 동시에 고객의 주요 정보들을 대략적으로 확인함으로써 본격적인 상담을 준비한다. 개인이 처한 상황에 따라 상담의 내용은 크게

---

12 필자의 재구성.

달라지기 때문에 상담원에게는 대화를 이어나감과 동시에 고객의 대략적인 개인정보, 즉 상태 코드,[13] 특별 요청 사항,[14] 미납금 발생 여부 등의 주요 정보를 빠르게 '스캔하는' 능력이 요구된다.

인사말을 전하고 나면, 상담원은 고객의 문의 내역을 확인한다. 이때 고객은 자신의 문의 사항이나 요청 사항을 명확히 표현하지 못하는 경우가 많기 때문에, 상담원에게는 전산상 회원의 정보를 한눈에 확인하고 문의 내용과 연관지어 사고하는 능력이 요구된다. 실제로 신입 상담원들은 뭉뚱그려 얘기하는 고객의 요구 사항을 한번에 파악하지 못해 곤혹을 치르는 경우가 많기 때문에, 이때 상담원에게 요구되는 자질은 "개떡같이 말해도 찰떡같이 알아듣는 능력"으로 일컬어진다.

고객의 문의 내용을 확인하고 나면, 본인 확인 절차를 진행한다. 금융권 콜센터의 경우 회원 본인이 아니면, 개인정보에 대한 상세 안내가 불가능하기 때문에 본인 확인을 내규에 맞게 진행하

---

13 고객의 카드 대금 연체 여부나 카드 거래 정지 여부 등을 확인할 수 있는 숫자 코드이다. 해당 코드에 따라 동일한 문의에도 상담 내용이 달라질 수 있기 때문에 상담원은 제일 먼저 '상태 코드'를 주의 깊게 살펴야 한다.

14 본인 확인을 위한 개인정보 질문 시, 고객이 특별히 확인하기를 요청한 정보이다. 특별 요청 사항이 등록되어 있는 경우 본인 확인을 위한 질문 시 반드시 해당 질문을 추가로 확인해야 한다. (예 : Q. 좋아하는 색깔은? A. 노란색.)

여야 한다. 이때 문의의 내용에 따라 반드시 확인하여야 하는 개인정보의 항목과 개수가 다르다. 상담원은 고객과의 대화를 이어나가며, 전산상 '개인정보 화면'을 보고 고객의 개인정보를 맞추어본다. 이때 고객이 틀린 정보를 말하면 일단 기억하고 있다가, 본인 확인 절차 이후, 고객의 동의하에 수정하여야 한다. 이때 전화상의 대화에 집중하지 않으면 고객의 빠른 말을 따라가기 어렵고, 틀리게 말하는 정보를 잡아내기 어려우므로 상담원은 반드시 집중력 있는 상담을 진행해야 한다.

본인 확인이 원활히 이루어지고 나면, 고객의 문의에 따라 상담을 진행한다. 정해진 스크립트에 따라 인사말과 호응어,[15] 필수 응대[16] 들을 진행하지만, 문의에 대한 정보의 제공은 상담원이 습득

---

15 '호응어'란 상담원이 상황에 따라 사용하는 쿠션어와 공감어이다. 자주 사용할 것이 권장되는 쿠션어로는 "죄송하지만~", "괜찮으시다면~", "바쁘시겠지만~", "번거로우시겠지만~" 등이 있고, 권장되는 공감의 표현으로는 "아, 그러셨어요?", "정말 불편하셨겠습니다", "네~ 충분히 그렇게 생각하실 수 있습니다" 등이 있다.

16 고객의 특정한 문의에 대해 상담원이 반드시 안내해야 하는 필수적인 응대 사항을 '필수 응대 사항'이라고 한다. 예를 들어 가상계좌 입금이나 실시간 결제 시, 자동이체 계좌에서 발생할 수 있는 '이중 출금'의 우려를 안내하는 것 또한 상담원의 '필수 응대 사항'에 해당한다. 이러한 '필수 응대 사항'을 모두 안내하지 않아 발생하는 문제의 경우, 민원 발생 시, 회사 및 상담원은 자신의 과실을 인정하고, 고객에게 손해액을 보상해주어야 한다. 따라서 필수 응대 사항의 안내 여부는 상담원을 평가하는 중요한 '평가 항

하고 있는 상담 지식 및 즉석에서의 전산 검색 내용을 토대로 이루어지며, 고객의 개별적인 상황을 대입하여 즉흥적인 대화로 이어나간다.

● **상담 사례 1. 미납금 결제 : 업무 지식의 활용**

예를 들어 신용카드의 미납금액을 결제하려는 단순 문의의 경우에도, 단순 미납인지, 당사 미납으로 인한 카드 사용 정지 상태인지, 타사 미납으로 인한 카드 사용 정지 상태인지, 채권추심사가 배정되었는지 등의 고객 상태에 따라 상담의 내용은 달라진다.

먼저 미납금 결제 관련 문의가 들어오면, 상담원은 고객의 상태를 확인하기 위해 '개인정보 화면'의 '상태 코드'를 클릭하여 거래 정지 코드 등재 여부를 확인한다. 이때 상태 코드는 모두 숫자로 이루어져 있고, 미처 숙지하지 못한 코드가 등재되어 있다면 빠른 검색을 통해 내용을 확인하고 그에 맞는 안내를 해주어야 한다.

고객이 별도의 거래 정지 상황이 아닐 경우, 미납금액을 안내하고 해결 가능한 방법과 주의사항 등을 안내한다. 이때 미납금을 처리하는 방법으로는 첫째, 자동이체 계좌에 채워진 잔액에서 자동으로 인출되도록 기다리는 방법, 둘째, 가상계좌로 고객이 직접 입금하는 방법, 셋째, 상담원이 고객의 자동이체 계좌에서 실시간

---

목' 중 하나이다.

결제하는 방법이 있다. 먼저, 미납금의 경우 카드사에서 매일 은행으로 인출 신호를 보내기 때문에 해당 자동이체 계좌에 잔액이 있다면 자동으로 출금 처리됨을 안내한다. 만약 해당 자동이체 계좌에 잔액이 부족하다면 고객 고유의 가상계좌를 채번해 고객이 직접 입금 처리하도록 유도할 수 있다. 이때 가상계좌는 고객이 원하는 은행의 계좌로 채번 가능하며 신용카드와 체크카드 신용 한도의 가상계좌는 별도로 운영되므로 주의해서 안내한다. 고객의 자동이체 계좌에 잔고가 조금이라도 남아 있다면, 가상계좌를 통해 미납금을 납부하더라도, 해당 자동이체 계좌에서 '이중 출금' 처리 될 수 있으므로 원치 않으면 해당 잔고를 0원으로 비워두어야 하며, 만약 이중 출금될 시 다음 영업일에 자동으로 환불 처리됨을 필수적으로 안내한다. 필수 응대 사항을 모두 안내하고 나면, 마지막으로 고객에게 가상계좌 번호를 전달받을 핸드폰 번호를 확인하고, 가상계좌 번호와 입금해야 하는 금액을 문자로 전송해준다. 이때 이체 시 발생할 수 있는 이체 수수료는 고객 부담임을 안내하는 것 또한 필수 응대 사항에 포함된다. 한편 '실시간 결제'는 자동이체 통장에서 상담원이 전산을 활용해 실시간으로 출금 처리하는 방법이다. 실시간 결제는 고객의 자동이체 통장에서만 가능한데, 만약 고객이 자동이체 통장이 아닌 타 계좌에서 출금을 원할 시, 일시적으로 타 계좌를 자동이체 통장으로 변경하고 출금 처리한 뒤, '후처리'의 일환으로 반드시 자동이체 계좌를 원

상복귀해놓아야 한다. 만약 이러한 후처리를 누락하게 되면, 다음 결제일에 고객이 모르는 사이에 자동이체 계좌가 변경되어 있는 상황이 발생할 수 있다. 이는 자칫 미납금 발생으로 인한 고객의 신용도 하락으로 이어질 수 있어 큰 민원이 발생할 소지가 되므로 주의한다.

한편 고객의 '상태 코드'에 당사의 카드 대금 미납으로 인한 카드거래 정지 코드가 등재되어 있다면, 고객이 소지한 신용카드의 후불 교통카드 기능 사용 여부를 확인하여 미납금을 완전히 납부하더라도 후불 교통카드 기능의 사용이 며칠 동안 불가능할 수 있음을 안내해야 한다.

또, 타사 금융권의 미납금 발생으로 인한 당사 카드 거래 정지 상황의 경우, 당사 미납금을 해결하더라도 타사 미납으로 인한 거래 정지 코드가 해제되기 전까진 당사 카드의 사용이 바로 불가능할 수 있음을, 고객이 이해할 수 있도록 쉬운 말로 설명한다. 타사 금융권의 미납금을 완전히 납부하더라도 해당 금융 거래 정보가 희망카드사에 전달되기까지는 며칠의 시간이 소요되므로 당사의 카드를 바로 사용하기 위해선 당사와 타사의 미납금액을 모두 납부하고 타 금융권의 연체금 완납을 알리는 서류를 당사로 제출해야만 한다. 고객이 타사의 미납금 완납 서류를 제출하겠다고 하면, 필요한 서류와 팩스 번호를 안내한 후 일차적으로 상담 전화를 종료한다. 이후 서류가 접수되면, 거래 정지 코드 해제의 권한

이 있는 팀장(슈퍼바이저)에게 고객의 '타사 미납으로 인한 거래 정지 코드'를 해제해줄 것을 전산상에서 요청한다. 이후 당사 카드의 거래 정지가 해제되면, 고객에게 카드 사용이 가능해졌음을 문자로 알리는 '후처리'를 진행한다.

한편 미납금 납부를 원하는 고객의 '거래 정보 화면'에 별도의 채권추심사가 배정되어 있음이 확인될 경우에는 상담원이 바로 문의를 해결하지 않고, 고객이 해당 담당자에게 전화를 걸 수 있도록 번호를 검색하여 안내한다. 해당 정보를 자칫 보지 못하고 일반적인 응대를 할 경우 추심팀의 업무를 잘못 수행한 것이 되어 분쟁이 야기되기도 한다.

이처럼 발생할 수 있는 모든 상황에서 그에 맞는 대응을 하려면, 상담원은 카드사의 시스템을 정확히 이해하고 있어야 한다. 이를 위해 상담원들은 상당한 양의 업무 지식을 습득하고 다양한 상담 사례를 공유하며, 반복된 훈련을 통해 숙련을 쌓아가고 있다.

• 상담 사례 2. 제휴 서비스 안내 : 복잡한 전산의 활용

한편 상담원에게 요구되는 또 한 가지의 능력은 복잡한 전산을 다루는 일이다. 상담원들이 활용하는 전산 화면은 각각의 항목에 링크된 수백 개의 페이지로 구성된다. 따라서 필요한 정보를 어떤 화면에서 확인할 수 있는지를 익히는 것에도 오랜 훈련의 시간이 필요하다.

예를 들어, 소지한 신용카드로 영화관 할인을 받지 못했다는 고객의 문의 건이 접수되면, 일단 상담원은 '개인정보 화면'에서 고객이 소지한 카드들을 확인해야 한다. 만약 고객이 소지한 카드가 여러 장이라면, '상담 항목'의 '총괄 거래 화면'에서 주거래 카드의 번호를 확인하고, 영화관 거래 승인 일자를 확인한다. 다시 고객의 '개인정보 화면'으로 돌아가, 해당 번호의 카드가 어떤 상품의 카드인지를 확인하고, 카드 상품명을 클릭하여 링크된 페이지로 이동하거나 카드사 홈페이지 또는 별도의 상담 검색 창을 활용해 해당 카드의 제휴 서비스 내역을 확인한다. 먼저 영화관 할인이라는 제휴 서비스가 포함된 카드인지를 확인하고, 해당 서비스를 받기 위한 실적 조건 등을 검색한다. 카드 사용 실적이 필요한 카드라면, 다시 카드 전산 화면의 '카드 사용 실적 화면'으로 이동해 실적 충족 여부를 확인한다. 이때 만약 실적이 충족되지 않으면, 실적 충족 예외 조건에 해당되는지 여부를 확인하여야 한다. 카드 신규 발급의 경우, 카드에 따라 별도의 실적 충족 조건 없이 제휴 서비스를 일정 기간 동안 제공하기도 하므로 해당 조건에 해당하는지 여부를 확인하기 위해, 상담 항목의 '발급 정보'를 클릭하여 해당 화면에서 카드의 신규 발급 여부를 확인한다. 여기에 별도의 해당 사항이 없다면, 실적 부족의 이유로 해당 서비스가 제공되지 못했다고 안내하고 상담을 종료한다. 그러나 실적이 충족되었음이 확인된다면, 다시 카드 전산 화면의 상담 항목 페이지에서 '할인 서비스 내역'을 클릭하여 실질적으로 고객이 영화관 할인을 못 받았는지 여부를 확인한다. 실제 이루어진 할인 서비스에 대해 고객이 미처 인지하지 못한 것인지, 실제 서비스가 누락된 것인지를 확인하기 위한 절차이다. 실제 서비스 누락 여부가 확인되면, 고객에게 사과하고 양해를 구한 후 '콜 백(Call Back)[17] 약속을 잡고, 일차적으로 상담을 종료한다. 이러한 경우, 특정한 이유가 있어 서비스가 제공되지 않은 경우도 있고, 실제로 서비스가 누락된 시스템 오류의 가능성도 있지만 상담원이 원인을 파악하는 것은 불가능하다. 따라서 제휴 서비스를 담당하는 별도의 전담 부서에 고객의 정보와 상황을 설명하는 문의 글을 등록해 문제를 정확히 파악해야 한다. 이후 전담 부서에서 답글이 등록되면, 해당 내용을 고객에게 알리는 '콜 백' 상담을 진행함으로써 상담을 마무리한다.

이와 같은 복잡한 상담의 과정에서 무엇보다 중요한 것은 신속, 정확이다. 상담 응대 중 정보 확인 및 검색 등을 위해 고객을 기다리게 할 경우, 상담원은 "잠시만 기다려주시겠습니까?"라는 표현을 통해 고객에게 양해를 구하게 되는데, 이때 고객의 기다림이

---

17 '콜 백(Call Back)'이란, 상담원이 고객의 문의를 한 번에 해결하지 못했을 경우 양해를 구하고 전화를 종료한 뒤, 문의 내용을 확인한 후 다시 전화를 거는 것이다. '콜 백' 건은 상담원의 콜 실적에 산정되지 않기 때문에, 상담을 한 번에 마무리하는 '원 콜(One Call)' 상담이 많을수록 상담원의 콜 실적이 높아지게 된다.

15초 이상 넘어가게 되면 "죄송하지만, 잠시만 더 기다려주시겠습니까?" 등의 대기 양해 멘트를 통해 대화가 없는 상태에서 고객의 지루한 기다림이 길어지지 않도록 배려해야 한다. 또 신속한 상담이 이루어지지 못하는 모든 경우에 상담원은 "확인 후 연락드리겠습니다"라는 표현을 사용한 뒤, 전화 통화를 일차적으로 종료해야 한다.

전화를 걸어 온 고객의 문의에 신속, 정확하게, 그리고 친절하게 답하기 위해서 상담원에게는 많은 훈련의 시간이 필요하다. 문제는, 이러한 훈련의 시간이 신입 상담원들에게 충분히 주어지지 않는다는 점이다. 실제로 신입 상담원들은 '실전'에서 몸으로 부딪치며 숙련을 쌓고 있었다.

때때로 콜센터를 이용하는 많은 소비자들은, 사전에 등록된 Q&A처럼, 발생할 수 있는 모든 문의에 맞춰 마련된 스크립트가 있다고 오해하기도 하고, 상담원을 마치 모든 상황에 통달한 전문가처럼 여겨 "어떻게 이런 내용을 모르고 거기에 앉아 있을 수가 있냐"는 핀잔을 주기도 한다. 그러나 이 두 경우 모두, 상담원의 직무에 대한 왜곡된 이해에서 비롯된 것이다. 위 상담 사례에서 볼 수 있는 것처럼 콜센터 상담원은 상담 시, 여러 페이지의 전산화면과 별도의 검색 창을 오고 가며 짧은 시간 동안 수많은 정보를 확인하면서 대화를 이어나간다. 이때 중요한 정보를 한 가지라도 놓치게 되면 '오안내'가 발생하고, 이는 곧 고객의 금전적 손해 및 민원의 발생으로 이어질 소지가 되기 때문에 상담원은 늘 긴장 상태에서 업무를 수행한다.

　상담원은 문의가 들어오면, 일단 전산 화면을 활용하여 상담에 필요한 고객의 정보를 확인하고, 미처 숙지하고 있지 못한 상담 정보를 검색함[18]과 동시에 필수 응대 사항이 적혀 있는 매뉴얼(스크립트)을 보며 고객과의 대화를 이어나간다. 이때, 해당 문의에 대한 업무 지식이 부족하거나, 필요한 정보를 확인하는 데 지나치게 많은 시간이 소요될 경우, 상담원은 "확인 후 연락드리겠습니다"라고 양해를 구한 뒤, 전화 통화를 일차적으로 종료해야 한다. 추후 정보 검색이나 팀장(슈퍼바이저)의 도움을 통해, 해당 문의에 대한 정확한 정보를 숙지한 후에야, '콜 백' 상담을 진행할 수 있다.

　콜센터 상담 업무에 대한 오해 중 하나는, 상담원들이 사용하는 매뉴얼(스크립트)에 관한 것이다. 실제로 콜센터 노동과 관련한

---

18 희망카드 콜센터 상담원이, 고객의 정보가 등록된 전산 화면 이외에, '정보 검색'을 위해 활용하는 화면은 총 3개이다. 하나는 일반 소비자에게도 오픈되어 있는 희망카드사의 공식 홈페이지이고, 다른 하나는 매일 새롭게 등록되는 카드사의 이벤트 및 신규 공지사항이 등록되는 '상담정보방'이다. 그리고 마지막으로 카드사의 전반적인 업무 지식과 잦은 문의에 대한 응답 내용이 등록되어 있는 별도의 '상담 정보 검색 시스템'이 있다.

많은 연구에서, 콜센터 인바운드 상담원의 업무는 '정형화된 스크립트'에 능숙해져야 하는 업무로 소개되고 있다(이수연, 2008; 신경아, 2009).[19] 그러나 콜센터 상담원의 노동 과정을 자세히 들여다보면, 매뉴얼(스크립트)은 상담원들이 필수 응대 사항을 누락하지 않기 위해 참고하는 상담 사례의 한 예시일 뿐, 실질적으로 상담의 과정은 상담원의 업무 지식에 기반하여 고객의 정보가 등록된 전산을 활용해서 이루어지는 즉흥 대화임을 알 수 있다.

물론 자주 들어오는 유형의 문의에 대한 정형화된 답변이 스크립트로 마련되어 상담원들에게 배포되고 있는 것은 사실이다. 그럼에도 불구하고 상담원들은 때때로 "스크립트를 보고 읽는 것조차 어렵다"고 말한다. 이는 정형화된 스크립트를, 실제 복잡한 상담의 과정에서 참고하고, 고객의 정보를 대입해 적용하는 것 자체가 어렵다는 것을 의미한다.

위에서 제시한 미납금 결제 상담 사례에서 볼 수 있듯, 언뜻 단순해 보이는 문의에도, 발생할 수 있는 경우의 수는 다양하다. 콜센터 상담원들이 처리하는, 크게는 수십에서 세밀하게는 수백 가지 유형으로 나눌 수 있는 문의의 내용은, 각각 발생할 수 있는 경우의 수로 그 응대 방법이 다시 세분화된다. 따라서 상담원은 기

---

19 이것은 콜센터 노동을 감정노동 차원에서 설명하는 과정에서 발생한 오해이기도 하다.

본적으로 상당한 양의 업무 지식을 습득하고 있어야 한다. 구체적인 해결 방법이나 필수 응대 사항들을 모두 외우지는 못하더라도 다양한 문의에 발생할 수 있는 여러 가지 경우의 수를 알고 있어야, 처음 접하는 생소한 상황과 문의[20]에 대해서도 당황하지 않고 차분히 검색해 볼 수 있는 여유를 가질 수 있기 때문이다.

습득하고 있는 상담 지식이 많고, 전산 활용 능력이 뛰어나며, 고객을 대기시켜놓은 상태에서 신속하고 안정감 있게 필요한 정보를 검색하는 능력이 뛰어날수록, 상담 시간은 짧아진다. 그리고 이는 곧 실적 달성으로 이어진다. 즉 숙련된 상담원이란, 많은 상담 지식을 숙지하고 복잡한 전산을 신속하게 활용하며 이 모든 것을 한번에 해결하는 '멀티태스킹(multi-tasking, 다중 작업)' 능력이 발달해 있는 상담원을 의미한다.

### 3단계 후처리 및 상담 이력 남기기

'후처리'란 전화 응대 종료 후, 상담 중 고객이 요청한 내용들을 처리하는 것을 의미하며, 상담원이 '고객 요청' 버튼을 눌러놓은 상태에서 처리하는 것이 일반적이다. 후처리는 주로 고객이 요

---

20 1년차 상담원도 '처음 받아보는 문의'가 있을 정도로 문의의 내용은 다양하고, 예외 상황은 빈번히 발생한다. 상담원들은 숙지해야 하는 업무 지식의 방대함을 흔히 "바다와 같다", "알수록 깊다"고 표현한다.

청한 정보나 자료를 문자나 이메일, 팩스를 통해 발송하고,[21] 지정 입금 처리[22] 등을 진행하는 것으로 이루어진다. 상담 전화가 많은 날엔, 앞선 상담 전화가 종료되자마자 새로운 전화가 인입되므로 후처리 및 상담 이력이 누락될 수 있어 주의가 필요하다.

'상담 이력 남기기'는 진행한 상담의 주요 내용을 상담 코드 번호를 통해 저장하는 것을 뜻한다. 만약 고객이 카드 대금 결제일을 변경했다면, 상담 코드 입력란에 '결제일 변경' 상담 이력과 함께, 결제일 변경 시 필수적으로 안내해야 하는 '2개월 이내 결제일자 변경 불가 선고지'에 해당하는 필수 응대 사항의 안내 여부를 이력으로 남기면 된다.

고객의 문의 내용이 많을수록, 후처리 건과 남겨야 하는 상담 이력은 많아질 수밖에 없다. 이때 자주 사용하는 상담 코드를 외우면, 별도의 검색 절차 없이 빠른 시간 안에 바로 바로 코드 번호를 입력함으로써 상담원은 사후 처리 및 상담 이력 남기기에 들어

---

21 문자를 통해서는 주로 가상 계좌번호 안내나 실시간 결제 처리 결과 안내, 이벤트 쿠폰 재발행, 필요한 서류 항목 안내 등을 진행한다. 그리고 이메일이나 팩스를 통해서는 카드 대금 청구서의 재발송, 연말정산 서류의 발송 등을 진행한다.

22 입금 공제 순서와 상관없이 고객이 원하는 상품을 지정하여 입금 처리하는 업무이다. 예를 들면, 카드 할부/론 금액을 일시 완납하거나, 원금의 일부를 부분 상환하는 경우, 또 카드 일시불/현금 서비스 등을 선납하는 경우에 해당한다.

가는 시간을 절약할 수 있게 된다.

따라서 콜 응대 과정의 2단계 상담과 3단계 후처리 및 상담 이력 남기기는 상담원의 숙련 정도에 따라 구분 없이 동시에 진행되기도 한다. 숙련된 상담원의 경우, 상담을 진행함과 동시에 후처리와 상담 이력 코드를 남기는 멀티태스킹이 가능하다. 그리고 이러한 멀티태스킹은 전화 종료 후, 상담원이 별도의 '고객 요청' 시간을 가지지 않고 바로 다음 전화를 기다리는 '통화대기' 상태로 넘어갈 수 있게 함으로써 상담 처리 시간을 단축하고, 콜 실적 달성을 가능하게 만든다.


### ② 고객접점의 콜 응대 과정 : 감정노동과 숙련

#### 조직의 감정 표현 규범

그동안 감정노동에 대해 다룬 국내의 많은 연구는, 주로 감정노동 수행의 결과에 집중해왔다. 그러나 감정노동을 단순히 근로자의 소진과 소외를 야기하는 '사회문제'로 해석하지 않고, 숙련을 요하는 노동의 한 요소로 개념화하기 위해서는, 감정노동의 결과뿐 아닌, 감정노동의 구체적인 과정과 내용에 관심을 기울일 필요가 있다.[23]

---

23 감정노동의 '과정'에 관심을 기울인 연구로는, 백화점 판매사원의 노동 과

따라서 여기에서는 콜센터 상담원이 수행하는 감정노동의 실질적 내용을 살펴보고 감정노동과 상담원의 숙련과의 관계를 확인하고자 한다.

앞서 밝힌 바와 같이, 콜센터 상담원의 주된 업무는 고객의 문의에 신속, 정확하게 답하는 일이다. 이 과정에서 상담원은 빼놓을 수 없는 주요한 직무를 수행하게 되는데, 그것이 바로 감정노동이다.

조직은 조직의 이익을 위해 특정한 감정의 표현을 근로자에게 요구한다. 이때 업무의 내용에 따라, 단순히 '웃는 얼굴'로 획일화될 수 없는, 다양한 감정 표현이 수반될 수 있다.

콜센터 상담원은 다른 대인 서비스 직종의 종사자와는 달리, 목소리로만 소비자를 상대한다. 따라서 상담원의 목소리는 곧 기업의 이미지로 해석될 수 있으며, 상담원이 자신의 목소리를 특정한 방식으로 꾸며내는 것은 '웃는 얼굴'과 마찬가지로 기업의 규범을 이행하는 노동의 과정에 해당한다.

---

정을 감정노동 차원에서 묘사한 박홍주(1995)의 연구나, 레스토랑 종업원에게 요구되는 구체적인 감정 표현 규범을 밝힌 김은민(1995)의 연구, 구조적 · 조직적 맥락 속에서 노동의 일부로 강화 및 강요되고 있는 간호사의 감정노동을 다룬 강현아(2002)의 연구, 정형화된 감정노동의 요소와 조직이 근로자에게 감정 표현 규칙을 강제하는 방식 및 이에 대한 근로자의 대응 방식을 연구한 류숙진(2002)의 연구가 있다.

실제 희망카드 콜센터에서 선호하는 상담원의 목소리는 '신뢰감을 주는 목소리'이며 선호하는 어조는 '듣기 좋은 리드미컬함'이다. 이러한 조직적 규범은 글자로 명시된 바는 없으나, 신입사원교육에서 강사에 의해 구두로 교육되고 우수 상담 사례의 콜 청취를 통해 반복적으로 주입되고 훈련된다.[24] 실제로 상담원의 목소리는 조직에 의해 통제되기도 한다. 필자가 희망카드 콜센터에 근무할 당시 옆자리에 앉았던 한 상담원은 목소리가 허스키한 편이었는데, 상담 내용을 청취한 QA(Quality Assurance, 통화 품질) 담당자로부터 허스키한 목소리의 보완을 위해 목소리와 상담 어조를 '조절'할 것을 지적받기도 했다. 이처럼 상담원들은 조직에서 요구하는 특정한 목소리를 인위적으로 만들어냄으로써 노동을 수행한다.

한편, 콜센터 상담원에게 요구되는 일반적 감정 표현 규범은 '친절'이라고 알려져 있다. 그러나 실질적 노동 현장에서 상담원들에게 요구되는 감정 표현 규범은 보다 다양하다.

상담원들 사이에서는 "가장 친절한 것은 신입 상담원이다"라는

---

24 콜센터를 운영하는 각각의 업체마다 '선호하는' 목소리를 가지고 있으며 이러한 목소리의 특색은 업체의 주거래 고객층에 의해 결정된다. 실제로 한 통신사는 젊은 청년들을 주 고객층으로 삼고, 콜센터의 상담원들에게 '웃음기 어린' '앳된' 목소리를 요구한다. 심지어 웃음소리마저 평가 항목으로 규정하고 있는 경우도 있었다.

표현이 자주 쓰이며 이는 콜센터 내에서 공공연한 사실로 통용된다. 이는 정확한 상담에 있어 실수가 잦은 신입 상담원의 경우, 평가 항목상에서 업무 정확성에 대한 유예 기간을 부여하는 대신 친절도를 높게 평가하기 때문이기도 하다. 그러나 굳이 이러한 평가 항목상 친절도의 비중을 고려하지 않더라도, 신입 상담원은 여러 가지 이유에서 경력직 상담원보다 유독 친절한 경우가 많다. 이러한 현상은 다양한 연구 결과뿐 아니라 상담원들 사이에서도 '오래 근무한 상담원의 감정적 소진'으로 해석되고 있다. 하지만 필자는 이러한 현상을 숙련의 결과로 해석하고자 한다. 필자가 콜센터에서 근무했을 당시, 동료 상담원들은 우스갯소리로 상담원의 지나치게 친절한 목소리를 "민원을 부르는 목소리"라고 부르곤 했다. 실제로 콜센터 노동 현장에서는, 누가 들어도 상냥한 목소리로 상담을 진행하는 상담원에게 고객이 알 수 없는 억지를 부리는 경우가 종종 발생한다. 경력이 오래된 상담원들은 이러한 현상을 "너무 친절하면, 고객은 우리가 해달라는 대로 다 해주는 줄 안다"라는 표현으로 일축하여 설명한다. 실제로 콜센터 상담원은 악성 민원인을 상대하게 되는 일이 잦은데, 이러한 상황에서 상담원에게 요구되는 감정 표현 규범은 상냥함이나 친절함이 아닌, '정중하지만 단호한 거절'인 것이다. 친절함이 매순간 콜센터 상담원에게 요구되는 적합한 감정 표현 규범이 아니라는 사실을 깨닫기 위해서는 경험의 축적이 필요하다.

일종의 기싸움이야, 사람이란 게. 나는 목소리 톤도 있고 초연하게 말을 하려고 하거든, 웬만하면. 근데 이 사람이 안 좋은 상황에서 내가 너무 초연하게 말을 하면은 또 그러니까 그럴 때는 조금 그렇긴 한데, 초연하게 조금 '밀듯이' 얘길 하면은 확실히 조금 불만성이라도 조금 주춤해. 거기서 세게 나오는 고객은 넘기는 거고 안 넘고 하면 내가 여기서 끝내는 거야.

*(팀장님은 내 목소리가 너무 정중하대. 그래서 상대방이 계속 불만을 얘기하게 된다는 거야. 적당히 끊어줘야 되는데.)*

음, 나는 좀 듣다가 나중에 내가 힘드니까 끊어. "(말끝을 약간 흐리며) 네~" 그럼 이 사람도 '아, 이젠 좀 그만 해야겠다' 하는 생각을 하거든.

*(나는 일단 '내가 너의 말을 들어주겠다' 이런 식이어서 사람들이 더 그러는 거 같다고.)*

어떤 땐 들어줘봤자 바뀌는 게 없으니까……

[사례 2] 희망카드 콜센터 사례

참여관찰 및 인터뷰 결과, 실질적으로 콜센터 상담원들에게 요구되는 감정 표현 규범은 단순한 친절함이 아님을 확인할 수 있었다. 실질적으로 상담원들은 상황에 따라, 다양한 감정 표현을 수행하고 있다. 고객접점 업무의 특성상 상대의 기분을 좋게 해주는 상냥함과 유쾌함 등이 기본적으로 요구되지만, 금융 거래가 이루어지는 금융사 콜센터의 특성상 신뢰감을 줄 수 있는 정중함도 요구된다. 또 불편함을 호소하는 민원인에게는 공감의 표현을 전하고 업체를 대신해 사과의 표현을 하기도 하며, 지나친 억지를 부리는 고객을 상대할 땐 정중하지만 단호한 거절을 하기도 하다. 그리고 적극적인 문제 해결의 의지와 작은 배려를 통해 고객이 겪을 수 있는 불편함을 사전에 예방하기도 한다. 이처럼 상담원들은 고도의 감정 관리를 통해, 자신이 실질적으로 느끼는 감정을 숨기고, 상황에 적합한 감정을 표현함으로써 업무를 수행한다.

그러나 상담원에게 요구되는 다양한 감정 표현 규범은, '반갑고 친근한 인사, 미소 띤 음성, 적절한 호응어 사용, 경청, 적극적 응대' 등의 획일적 평가 기준으로만 평가 항목상에서 나열될 뿐, 상황에 따른 구체적 응대 지침으로 제시되지는 않는다. 다만 상황에 따라 어떠한 감정 표현을 함으로써 민원을 유발하지 않고, 단시간에 상담을 종료할 수 있는가에 대한 일종의 업무 지식은, 상담원들의 경험에 의해서 축적되고 있는 것이다. 또한 해당 감정 표현을 시의적절하게 표출하는 방법은 반복된 훈련을 통해서만 터득 가능하다. 실제로 '미소 띤 음성'은 상황에 따라 고객의 기분을 상하게 하여, 원활한 상담의 진행을 방해하기도 한다. 또한 단호한 거절이 이루어져야 하는 상황에서 적절한 표현 방법을 찾지 못한 상담원이 상담을 종료시키지 못하고 장시간 고객의 푸념을 '경청'하는 데 시간을 할애하는 상황도 빈번히 발생한다. 즉, 상황에

**제4장** 콜센터 노동 이해하기 : 희망카드 콜센터 이야기

따라 적절한 감정을 표출하여 매 순간 원활한 상담을 이끌 수 있다는 것은, 상담원이 감정노동에 관한 충분한 업무 지식을 갖추고 다양한 상황에서 반복된 훈련을 거쳐 숙련을 쌓았음을 의미하는 것이다.

## 평가와 보상체계

상담 업무의 주요 특징인 고객 접점 업무의 특성상 CS마인드[25]는 상담원이 갖추어야 하는 주요한 자질[26]로 손꼽히며, 상담원의 친절도는 고객과 조직으로부터 매순간 평가의 대상이 된다.

조직이 상담원에게 감정노동을 강제하는 방식은, 세부적인 평가 항목을 통한 모니터링과 이에 대한 보상이다. 희망카드 콜센터는 매달 세부적인 평가 항목을 통해 상담원의 콜을 청취하여 점수를 매기고, 책정된 점수를 콜 실적과 함께 업무 평가에 반영하여 상담원의 인센티브를 산정한다. 이때 평가 항목에는 정확한 응

---

25 Customer Service Mind(고객 서비스 마인드)/ Customer Satisfaction Mind(고객 만족 마인드).

26 감정노동과 숙련의 관계에 대한 연구는 드물다. 다만 오픈가트(Opengart, 2005)는, 감정노동은 근로자의 감성지능(emotional intelligence)의 보유 및 발달 없이는 수행되기 어렵다고 보았으며, 인적자원개발(Human resource Development, HRD) 측면에서 근로자의 감정노동과 감성지능, 인지 능력이 통합적으로 측정, 개발되어야 한다고 주장했다.

대를 하였는지를 확인하는 '업무 정확성' 항목과 더불어 상담원의
친절도를 확인하는 '고객의 체감 만족도' 항목이 마련되어 있다.

[표 7] 희망카드 콜센터 상담원 '감정노동' 관련 평가 항목[27]

| 항목 | 점수 | 기준 |
|---|---|---|
| 첫인사/<br>종료 인사<br>(10%) | 10 | 반갑고 친근한 첫인사, 종료 인사 시행 |
| | 5 | 첫인사, 종료 인사 시행 시 부정확하거나 사무적으로 시행,<br>인사 중 한 가지 미시행 |
| | 0 | 첫인사, 종료 인사 누락 |
| 고객의 체감<br>만족도<br>(40%) | 40 | 미소 띤 음성과 적절한 호응어 사용으로 상황대응이 뛰어나<br>며, 적극적으로 유용한 정보 제공 |
| | 30 | 음성, 문의 파악, 경청, 설명, 호응, 적극성, 신속함 등 전반적<br>으로 평이한 응대 |
| | 20 | 음성, 문의 파악, 경청, 설명, 호응, 적극성, 신속함 중 어느 하<br>나라도 다소 부족한 응대 |
| | 10 | 소극적 응대, 대안 제시 부족, 부정적 측면으로 상담, 직원 위<br>주 진행, 짜증스러운 응대, 전체 진행이 원활하지 못함 |
| | 0 | 문제 해결 의지 없음(원론적 응대), 불쾌감(불만) 유발, 욕설,<br>대화 단절, 고객 무시, 고객 정보 활용 부족으로 정보 제공 안<br>됨 |
| 합계* | 50 | 전체 평가 항목 100% 중, '감정노동' 관련 평가 항목 비중 50% |

주* 전체 평가 항목 100% 중 나머지 50%는 '업무 정확성' 및 '후처리' 관련 평가 항목
임.

---

27 희망카드 콜센터 '상담원 평가 항목' 자료 중, 부분 발췌하여 재구성.

[표 7]에서 제시된 바와 같이, 희망카드 콜센터는 '반갑고 친근한 인사, 미소 띤 음성, 적절한 호응어 사용, 경청, 적극적 응대' 등의 항목을 통해 상담원의 친절도를 평가하는데, 이러한 평가는 조직이 상담원의 감정노동을 통제하고 강제하는 하나의 도구가 된다.

한편 희망카드 콜센터는 [표 7]과 같은 공식적 평가 항목을 통한 업무 평가 이외에도 소속 팀 차원에서 상담원들의 동기 부여를 위해 '칭찬 스티커' 제도를 운영 중이다. 상담 과정에서 고객이 상담원의 응대에 만족하여 이에 대한 고마움의 표현을 하게 될 경우 해당 상담 내역은 '칭찬콜'로 등록되는데, 이러한 칭찬콜은 상담원의 업무 평가에 가점으로 작용하여 인센티브 산정의 주요한 고려 대상이 된다. 이러한 업무 평가 이외에도, 소속 팀에서는 칭찬콜 발생 시 상담원에게 '칭찬 스티커'를 배부하여 추후 일정한 양에 도달하면 작은 선물을 줌으로써 상담원들의 감정노동을 격려한다. 보상은 크지 않지만, 실제로 이러한 제도는 상담원들에게 어느 정도 활력을 줌으로써 감정노동을 유도하는 긍정적 기제로 작용하기도 한다.

상담원의 감정노동에 대한 조직적 통제와 감시는, 때때로 그 권한이 소비자에게 위임되기도 한다. 소비자는 상담 도중 상담원의 친절도에 대해 감사나 불만의 감정을 직접적으로 표출함으로써, 보다 공식적인 방법으로는 CSI 평가나 별도의 민원 제기를 통해 상담원의 감정노동을 평가하고 감시한다. CSI 평가란, Consumer Survey Index(소비자 태도 지수), 혹은 Consumer Satisfaction Index(소비자 만족 지수) 평가를 의미하는 말로, 상담 전화 종료 후 무작위로 이루어지는 별도의 설문 조사를 통해 이루어진다. 최근에는 희망카드사가 아웃소싱 업체들을 평가하는 방식에서 고객으로부터의 평가 비중을 강화시키면서, CSI 평가 의견 중 '불친절 상담' 등록 건을 업체 평가 총점에 비중 있게 반영하고 있다.[28] 이로써 희망카드사는 아웃소싱 업체에 소속된 상담원들의 감정노동을 효과적으로 강제하고 통제할 수 있게 되는 것이다. 이외에도 소비자는 카드사 홈페이지의 고객 창구에 사이버 민원을 접수하거나 칭찬콜을 접수함으로써, 또 금융감독원에 공식적 민원을 제기함으로써 상담원의 노동에 직접적 개입을 하게 된다.

이러한 감시 체계가 정착되면서, 상담원들의 감정노동 강도는 더욱 높아지고 있다. 이에 따라 소속 업체에서는 인센티브 산정의 방식으로 상담원들의 감정노동을 보상하려고 하지만, 실질적으로 낮은 기본급을 받는 상담원들에게 상담원 간 실적 경쟁을 통한 순위 매기기식의 인센티브 지급은, 근본적인 보상이 될 수 없다.

---

28 희망카드사는 콜센터 이용 소비자를 대상으로 이메일 및 스마트폰을 활용한 CSI평가를 진행 중이다. 해당 설문 항목은 친절성, 접근성, 이해도, 이해 용이성, 문제 해결책, 추후 추천 여부 등의 여섯 가지 평가 항목으로 구성되어 있다.

실적 경쟁에서 상위권을 차지하지 못하면, 결과적으로 인센티브를 받지 못하는 처벌을 경험하게 되기 때문이다. 그러나 상담원이 '고객 만족'을 달성하지 못했다고 해서, 상담원이 수행하는 감정노동이 없었던 것이 될 수는 없다. 상담원이 아무리 친절하게 말해도, 문제 해결을 위해 수많은 노력을 기울인다 해도, '미납금 발생으로 인해 카드가 정지된 고객'과 '제휴되어 있지 않은 영업장에서 카드 포인트를 사용하고 싶은 고객'은 여전히 불만을 제기하는 곳이 콜센터이기 때문이다.

### (3) 업무 지식 습득의 노력

한국콜센터산업정보연구소(2004)는 국내 콜센터의 신입 상담원에 대한 평균 교육 시간은 2주(100시간 이상 200시간 미만)이며 많은 교육과 재교육이 상담원의 이직 감소에 큰 영향을 미친다고 밝힌 바 있다. 실제로 콜센터 상담원은 사전에 많은 업무 지식을 습득함으로써 상담 시 발생할 수 있는 다양한 문의에 대비한다. 따라서 업무 교육은 상담원의 노동 수행에 없어서는 안 될 주요한 노동 과정에 해당한다.

희망카드 콜센터의 경우, 상담원들이 상담 응대를 위해 숙지해야 하는 정보는 결코 고정적이지 않다. 국가의 금융 정책이 바뀌거나 카드사의 정책이 바뀔 때마다, 그리고 신규 이슈 사항이 생기고 신규 이벤트가 등록될 때마다 새롭게 숙지해야 하는 정보들이 쏟아져 나온다. 이에 따라 상담원들은 업무 정보의 숙지를 위해 상당한 시간을 들이고 있다.

실제로 희망카드 콜센터는 채용 이전 120시간 동안의 신입사원 업무 교육을 시행하고, 채용 이후에도 상시적인 업무 교육을 진행함으로써 상담원들에게 상담 응대에 필요한 업무 지식을 전달한다. 이렇게 습득된 업무 지식은 상담 응대의 결과로 드러나기 때문에 자연스럽게 평가의 대상이 되며, 이외에도 별도의 시험을 통해 정기적으로 점검된다.

필자는 콜센터에 근무한 3개월 동안, 매일 아침에는 5분간의 방송 교육을, 상담 업무 종료 후에는 매주 두 번씩 각각 10여 분간의 QA(Quality Assurance, 통화 품질) 교육과 민원 교육을 받았다. 업무 종료 후 시행되는 교육은 상담원의 경력에 따라 일정을 달리하여 그룹별로 이루어지며, 경력에 따라 교육의 내용 또한 달라진다. 이러한 정기적 교육 이외에도 상시적 업무 교육이 시간을 가리지 않고 다양한 루트를 통해 이루어진다. 실제 새로운 카드사 정책 및 이슈 사항이 수시로 전산상에 등록되거나 프린트물로 배포되며, 상담 업무 수행 중에도 틈틈이 사내 메신저나 단체 쪽지를 통해서 숙지해야 할 새로운 공지사항들이 전달된다. 상담 업무를 수행하는 시간에 사내 메신저를 통해 전달되는 공지들을 상세히 읽는 것은 사실상 매우 어려운 일이다. 그러나 전달된 긴급 공지를 제때 숙지하지 못하면 오상담으로 이어질 수 있기 때문에, 상담원들은 통화대기 시간을 활용해 수시로 전달되는 공지사항을 놓치지 않고 확인해야 한다.

이렇게 전달된 업무 지식의 습득 여부는 다양한 방식으로 점검된다. 희망카드 콜센터의 경우 주 1회, 상담 업무가 시작되기 전 10분 동안의 쪽지시험을 진행한다. 일정 점수에 미달한 상담원은 퇴근 전까지 문제 풀이를 제출함으로써 해당 지식을 모두 습득해야 한다. 그리고 월 1회 진행되는 정기시험은 희망카드사 콜센터의 전 아웃소싱 업체에서 동시에 전산상으로 시행되는데, 해당 성적은 아웃소싱 업체 평가 및 상담원의 인센티브에도 영향을 미친다. 이 역시 일정 점수에 도달하지 못한 상담원은, 추후 재시험을 치름으로써 해당 지식을 의무적으로 습득하고 있다.

그 외에도 상담원은 슈퍼바이저와 함께 자신의 콜을 청취하고, 평가 항목에 맞춰 점검하는 '셀프 모니터링'을 시행하거나, 상시적으로 QA 담당자로부터 잦은 피드백을 받음으로써 자신의 콜 응대 능력을 점검하게 된다.

# 2. 콜센터 상담원은 어떤 조건에서 일을 할까?

## 1) 아웃소싱의 고용 형태와 실적 경쟁 체제

감정노동에 대한 관심이 집중되면서 콜센터 상담원은 감정노동을 수행하는 대표적 직군으로, 또 이들의 업무상 고충은 감정노동 수행의 결과로 알려진 소진과 정신적 스트레스 차원에서 주로 다루어져왔다. 그러나 콜센터 상담원들이 경험하는 업무상 고충은, 콜센터 상담원에 대한 낮은 사회적 인식과 비정규직 고용 형태 등으로부터 기인하는 보다 복합적이고 구조적인 문제이다. 따라서 콜센터 상담원들이 겪는 어려움을 단순히 이들이 감정노동 수행 직군에 종사하기 때문에 경험하는 필연적인 문제로 다루는 것은, 당면한 현실 문제를 왜곡하는 결과를 초래할 수 있다.

최근 아웃소싱의 방식을 주로 채택하는 콜센터 고용 구조의 특성상 콜센터 상담원들이 겪는 어려움은, 노동시장의 유연화 문제와도 무관하지 않다. 특히 이들 노동에 대한 집중적 비정규직화 및 해당 노동에 대한 평가절하의 문제는, 구체적 노동 과정에 대한 평가의 과정 없이 기존의 통념만을 재생산해내는 노동시장 내 성차별의 문제와 연장선상에서 해석될 수 있다.[29] 그러나 여기에서는 노동시장 유연화 기제의 성차별적 성격에 관한 근본적 문제제기는 차치하고서, 아웃소싱의 고용 형태가 상담원들의 노동 강도는 강화시키는 반면 근무 환경의 질은 저하시키게 되는 과정을 드러내고자 한다.

희망카드사는 고객 상담 센터의 운영을 다수의 콜센터 아웃소싱 전문 업체에 위탁하고 있다. 단일한 아웃소싱 업체와 계약 관계를 맺지 않고 다수의 아웃소싱 업체들과 계약을 맺음으로써, 희망카드사는 업체 간 실적 경쟁을 유도하여 저비용으로 높은 콜 실적과 높은 서비스 품질 지수를 유지하고 있는 것이다. 실제로 희망카드사는 아웃소싱 업체들의 실적 평가를 통해 매년 도급비를 재산정하고, 아웃소싱의 연장 계약 여부를 결정하고 있다. 이에 따라 아웃소싱 업체들 간의 실적 경쟁은 불가피하다.

이러한 아웃소싱 업체 간의 경쟁 체제는, 콜센터 상담원의 노동

---

29 노동시장 유연화 기제의 성차별적 성격에 관해서는, 조순경(1996, 2011), 정경아(2000), 김양지영(2005)의 연구 참조.

강도 강화로 이어진다. "할당된 콜 수를 채우려면 화장실도 못 간다"는 말은 상담원들 사이에서 공공연한 사실이다. 매일 처리해야 하는 목표 콜 수가 정해져 상담원들에게 전달되고, 관리자는 상담원들의 실시간 콜 처리 수를 수시로 사내 메신저를 통해 전달함으로써 심리적 압박을 가한다. 그리고 달성해야 하는 영업 실적 또한 상담원들에게 압박의 기제가 된다. 콜 실적이나 영업 실적을 채우지 못하면 소속 팀 팀장(슈퍼바이저)으로부터 인격적 모독을 당하는 일도 잦다. 상담원들의 업무 상황은 실시간 전자 감시 체제에 의해 손쉽게 모니터링되기 때문에 실적이 저조한 날에는 화장실에 가거나 흡연실에 다녀오는 것조차 관리자의 눈치를 보게 된다. 상담 업무 이외에도 매일 습득해야 하는 정보는 쏟아져 나오고, 해당 지식의 습득 여부는 상담 결과로 드러나기 때문에 늘 평가의 대상이 된다. 이러한 평가 외에도 정기적인 테스트를 통해 이루어지는 지식의 점검은 업무 평가 점수에도 반영되고 있다.

짧은 시간 안에 미리 예측할 수 없는 고객의 다양한 요구 사항을 처리해야 하는 상담 업무는 꽤 높은 수준의 숙련을 필요로 한다. 복불복이라 일컬어질 만큼 문의 수준의 난이도는 다양하기 때문에, 운이 나쁘면 한 고객과 계속해서 전화를 주고받아야 하는 불상사가 생기기도 한다. 따라서 까다로운 문의를 '원 콜(One Call)'에 해결하는 것은 상담원의 능력으로 일컬어진다. 인입된 전화를 원 콜에 끝내기 위해서는 고도의 업무 지식과 높은 전산 활용 능력이 필요하다. 그러나 실적에 대한 지나친 압박은 상담원들에게 해당 지식을 습득할 충분한 시간을 허락하지 않는다. 모르는 내용을 일단 지나친 채 콜 업무를 수행하다 보면 결국 같은 실수가 되풀이될 수밖에 없음에도, 콜이 밀리는 시간에는 원 콜에 해결하지 못한 콜 백 약속 건의 처리를 뒤로 미뤄둔 채, 일단 새롭게 인입되는 상담 전화들을 먼저 소화해낼 것이 요구된다.

오후 6시가 되면, 실질적인 상담 시간은 종료되고 더 이상 콜이 인입되지 않는다. 그러나 6시 이후에도 상담원들의 업무는 종료되지 않는다. 우선 6시가 지나면, 상담원은 당일의 상담 건을 확인하여 콜 백 약속 건이나 지정 입금, 서류 접수, 이메일, 팩스 및 문자 전송 미처리 건과 상담 이력 누락 건이 있는지를 확인하여 빠짐없이 처리한다. 그리고 일주일 이내의 카드 발급 신청 건이 심사 절차상 오류 없이 진행되고 있는지의 여부도 확인해주어야 한다.

그리고 고객의 '콜 포기율'[30]이 높은 날에는, 카드사 시스템상 '콜 예약자'를 받는다. 이렇게 콜 예약자가 발생한 경우, 6시 이후에도

---

30 전화 접속자가 폭주하는 날에는, 상담원 연결 대기 시간이 길어져 상담원 연결을 기다리다 전화를 끊어버리는 고객들이 많다. 이러한 전화의 비율을 '콜 포기율'이라 하는데, '콜 포기율'은 콜센터 성과 지표에 들어가기 때문에 콜센터에서 집중적으로 관리하는 요소 중 하나이다.

상담원들은 '아웃 콜'[31]을 통해 자신에게 배정된 초과 상담 업무를 진행해야 한다. 이외에도 정기적인 교육이 업무 종료 후 이루어진다. 그러나 별도의 초과 수당은 발생하지 않는다. 초과 수당 항목을 고정급 안에 포함시킨 형태로 상담원의 급여를 책정하고 있기 때문이다.[32] 고정급 이외의 부가적인 소득은 실적에 따라 차등 지급되는 인센티브에 의해 발생한다.

이와 같이 아웃소싱의 고용 형태는, 실제로 상담원들의 업무 강도를 높이며, 근무 환경의 질을 저하시키는 직접적인 기제가 된다. 업체 간 실적 경쟁 체제는 상담원에 대한 실적 압박으로 이어질 수밖에 없고, 이는 휴식 시간의 부족과 인센티브 형식의 급여 지급 방식을 양산하고 있기 때문이다. 업체는 콜 처리율을 높이기 위해, 상담원들의 중식 시간을 수시로 단축시키고, 상담 전화가 몰리는 기간[33]에는 휴가나 병가도 제때 허가하지 않는다.

---

31 '아웃 콜(Out Call)'은 상담원이 고객에게 직접 전화를 걸어 상담하는 것을 의미한다.

32 같은 카드사 콜센터에 근무하더라도 소속된 아웃소싱 업체에 따라 기본 급여가 조금씩 다를 수 있다. 이는 카드사가 아웃소싱 업체에 따라 매년 새롭게 도급비를 산정하고 있기 때문이다. 상담원의 급여는 이후 근속 연수에 따라 근속 수당 지급의 형태로 상향 조정된다.

33 콜센터의 경우 상담 전화가 몰리는 특정 기간이 있다. 주말 내 밀린 업무를 처리하는 월요일이나, 카드사에서 '대국민 결제일'로 불리는 매달 25일, 제휴 서비스 이용이나 해외 이용이 많은 여름 휴가철, 각종 공과금 납부일,

휴식 시간의 단축은, 실제 근로기준법상의 휴게 조항[34]에 명백히 위반되는 행위이다. 그러나 콜센터는 콜 인입이 몰리지 않는 시간에 상담원들에게 강제 휴식 시간을 부여[35]하거나, 조기 퇴근 프로모션[36] 등을 자주 진행함으로써 이에 대한 공식적 문제 제기를 어렵게 한다.

희망카드 콜센터는 9시부터 18시까지 상담 전화가 운영되기 때문에, 상담원들은 소속 팀별로 중식 시간을 돌아가며 갖게 된다. 이때 오전 11시쯤이 되면, 관리자는 해당 팀 별로 부여된 중식 시간을 알리는 사내 쪽지를 보내는데, 이때 각 팀의 중식 시간은 당일 인입되는 콜 수 및 해당 팀별 근태를 고려해 산정된다. 이때 중

---

연말 정산일 등이다.

34 근로기준법 제54조(휴게)
　① 사용자는 근로 시간이 4시간인 경우에는 30분 이상, **8시간인 경우에는 1시간 이상의 휴게시간**을 근로 시간 도중에 주어야 한다.
　② **휴게 시간은 근로자가 자유롭게 이용**할 수 있다.

35 상담 업무 중 갑자기 사내 메신저를 통해 O시 O분부터 O시 O분까지 '고객 요청' 버튼을 눌러놓고 '휴식'을 취하라는 공지가 전달되는 날이 있다. 사전에 예고 없이 부여되는 짧은 휴식 시간이기 때문에 상담원이 이전에 걸려 온 상담 전화를 미처 종료하지 못한 채 휴식 시간이 종료된다면, 해당 휴식 시간을 누릴 수 없다. 휴식 시간은 10분~30분 정도 부여되며 해당 공지는 휴식 시간의 불과 3~5분 전에 전달된다.

36 '실적 우수자'에 한해 10분~120분 사이의 조기 퇴근 혜택을 주는 이벤트이다.

식 시간이 상담원들의 근태에 따라 달라지는 이유는, 희망카드사가 아웃소싱 업체에 소속된 인원에 맞게 할당 실적을 사전에 부여하고 있기 때문이다. 이에 따라 결근자가 발생하게 되면 해당 결근자에게 사전에 부여된 할당량을 나머지 상담원들이 나누어 모두 채워야 하는 것이다. 이에 따라 무단 결근이나 무단 퇴사가 유독 많이 발생하는 월요일에는 전 주 금요일부터 단체 공지를 통해 결근 방지를 위한 경고성 쪽지가 전달되기도 한다. 공지는 "월요일 지각자 발생 시 해당 팀 중식 시간 20분으로 단축 진행, 결근자 발생 시 중식 시간 없이 업무 진행" 등의 내용이다. 희망카드 콜센터는 무단 결근이나 퇴사자의 발생은 결국 남아 있는 상담원들의 근로 환경을 더욱 악화시킨다는 점을 지속적으로 강조하며, 무단 결근 및 퇴사에 대해 상담원들끼리 서로 경계하고 감시하는 분위기를 조성하고 있다.

열악한 근무 환경에도 불구하고, 이에 대한 공식적 문제 제기가 이루어지지 않는 것은 상담원들의 잦은 이탈과 아웃소싱의 고용 형태로 인한 노동조합 결성의 어려움에서 비롯된다. 노동조합의 부재는 상담원들이 처한 열악한 근무 환경에 대한 문제 제기를 공식적으로 제기할 만한 루트를 사실상 차단한다. 이에 따라 상담원들은 개인적 차원의 해결로서 퇴사라는 방법을 손쉽게 택하는 것이다.

이처럼 높은 업무 강도와 열악한 근무 환경은, 상담원들의 잦은 이탈을 발생시키고, 인력의 부족은 남아 있는 상담원들의 근무 환경을 더욱더 열악하게 만드는 악순환을 반복시킨다. 또한 콜 처리율을 바탕으로 한 업체 간 실적 경쟁 체제는 상담원들에게 충분한 업무 지식의 습득 시간을 허락하지 않기 때문에, 이러한 업무 지식의 부족은 결국 잦은 오상담과 민원의 발생으로 직결된다. 그러나 쉴 새 없이 터지는 민원의 귀책 사유와 그 책임은 결국 상담원에게 부메랑처럼 돌아옴으로써 상담원들을 '소진'시킨다.

감정노동의 결과를 밝히려는 많은 연구에서 '소진'은 주로 감정노동의 결과로 밝혀져왔다. 그러나 실질적으로 콜센터 상담원들의 소진은 감정노동뿐 아닌 다양한 문제로부터 발생하는 복합적인 문제이다. 실제 콜센터에서는 많은 민원이 발생하는데, 여기에는 카드사의 운영 지침에 대해 근본적으로 불만을 제기하는 정책성 민원부터, 상담원의 친절도에 대한 불만인 불친절 민원, 블랙컨슈머로부터 발생하는 악성 민원 등이 모두 포함되어 있다. 그리고 여기에는 실질적으로 자주 문제가 되는, 상담원에게 충분한 업무 지식 습득 및 훈련의 기회가 주어지지 않았기 때문에 발생하는, '오상담' 관련 민원이 포함되어 있다. 이러한 오상담 민원은, 민원의 발생 그 자체만으로 상담원에게 강도 높은 스트레스를 유발하고, 크든 작든 고객에게 발생한 피해의 책임 소지를 가리는 분쟁을 야기시키기 때문에 더욱 문제가 된다. 상담원이 잘못된 안내를 한 경우, 이는 QA(Quality Assurance, 통화 품질) 담당자에게 모니터링되어, 상담원의 개별 QA 점수에 반영되고, 이는 곧바로 상담원의 인센티브 하락으로 이어진다. 특히 불친절이나 오상담으로 인한 민원 발생 시, 고객이 원하는 경우 해당 상담원은 끝까지 책임지고 사과 전화를 해야 하기 때문에 강도 높은 감정노동을 수행하게 된다. 또한 민원성의 보상 금액이 발생한 경우, 상담원이 자신의 귀책 여부에 따라 일정 금액을 보상하게 되는 경우도 발생한다. 더욱이 이러한 상담원의 응대 실수는 관리자로부터의 강도 높은 책망으로 이어져, 상담원의 '소진'을 야기한다.

## 2) 작업장 폭력

콜센터 상담원들이 경험하는 고객에 의한 언어 폭력의 대부분은, 콜센터 상담원 업무 자체에 대한 평가절하에서 비롯된 경우가 많다. 상담원들은 특히 여성이라는 이유로 평가절하당하기도 하는데, 이러한 고객의 심리적 특성에 따라 콜센터에서는 강도 높은 민원을 상대하는 민원실에 대부분 남성 상담원을 배치하고 있다. 이와 관련하여 정형옥(2006)은 콜센터 내부의 목소리의 성별 분업 문제를 지적한 바 있다. 콜센터에서 딱딱하고 굵은 남성의 목소리는 때때로 여성 상담원이 해결하지 못한 문제를 '해결'하기 위해서 등장하는데, 이때 필요한 것은 관리자나 윗사람으로서의 역할 및 능력이 아닌 단지 '남성의 목소리'라는 것이다(정형옥, 2006). 이러한 현상은 서비스직 종사자에 대한 폭력이, 사실상 해당 직종 종사자들의 성별 그 자체, 혹은 사회적 지위 등에 대한 평가절하로부터 기인하는 것임을 확인시켜준다. 즉 콜센터 상담원이 하는 말은 신뢰할 수 없으며, 보다 전문적 상담을 제공할 만한 관리자가 있다는 믿음은, 쉽게 여성 상담원을 인격적으로 무시하게 만드는 것이다.

실제 참여관찰 결과, 콜센터 상담원들이 당면한 작업장 폭력의 문제는 매우 심각한 수준이었다. 희망카드 콜센터에서 근무한 3개월 동안 필자 또한 소비자로부터의 욕설에 빈번히 노출되었으나, 희망카드사의 경우 '성희롱'을 제외한 작업장 폭력으로부터 상담원을 보호할 수 있는 적절한 대응 지침을 가지고 있지 못한 상태였다.[37] 그러나 소비자의 욕설로부터 상담원을 보호할 만한 업

---

37 희망카드사의 경우 고객으로부터의 성희롱 발생 시, 한 번의 경고 멘트를 하고, 이후에도 지속적인 성희롱이 발생하면 성희롱 고객 응대 ARS로 연결함으로써 상담 전화를 종료할 수 있다.
〈**희망카드사, 성희롱 고객 응대 ARS 멘트**〉: "고객님께서는 당사 업무와 무관한 내용으로 문의하고 계시며, 상담하기 불편한 언어를 사용하고 계십니다. 이는 성폭력범죄의 처벌 등에 관한 특례법 제12조 '통신 매체를 이용한 음란 행위'에 의해 2년 이하의 징역 또는 500만 원 이하의 벌금 처벌을 받으실 수 있습니다. 더 이상 상담 진행이 어려우니 상담 종료하도록 하겠습니다."

체 차원의 응대 지침을 마련한 소원카드사 콜센터의 경우에도, 해당 지침을 발생하는 모든 폭력 사례에 적용하지 못해 어려움을 겪기는 마찬가지였다.

> 있으면 뭐 해. 결국 욕 듣고 있어야 되는데. 요즘엔 또 그걸 아는 영리한 사람들이 나를 욕하는 게 아니고 "소원카드 이 좆 같은 년들" 이래요. "아 당신을 욕한 게 아니라 소원카드가 나쁘다고~."
>
> *(아, 그럼 못 끊는 거야?)*
>
> 애매하잖아요. "아니, 아가씨가 나쁘다는 게 아니고." 그거 듣고 있어야 되고 나 거기서 손 바들바들 떨리고 있고. 심장이 막 쿵쿵쿵 하면서 어지러우면서 손이 막 부들부들 떨리잖아요. 하지만 나는 친절하게 "네~."
>
> [사례 5] 소원카드 콜센터_ 위탁업체B 사례

소원카드사의 경우, 카드사 콜센터 중에서는 선도적으로 소비자 욕설 시 상담원이 전화를 먼저 끊을 수 있는 제도를 운영 중이다. 그러나 이조차 그 실질적 적용 기준이 까다롭고 아웃소싱 업체 차원에서 금융감독원 민원 접수를 우려하여 해당 제도 자체를 유명무실하게 만들기도 한다. 특히 금융감독원 민원 발생 시 카드사는 민원을 발생시킨 상담원의 소속 아웃소싱 업체에 불이익을 주는 방식으로 금융감독원의 민원을 관리하기 때문에, 아웃소싱 업체는 소비자로부터의 폭력에 보다 단호한 방식으로 대응하길 꺼리게 되는 것이다.

이처럼 상담원들이 경험하는 제3자(소비자)로부터의 폭력은 최근 매스컴을 통해 지속적으로 보도된 바와 같이 심각한 수준이다. 그러나 때때로 이러한 작업장 폭력은 소비자뿐 아니라 관리자에 의해서도 행해진다. 콜센터 상담원에 대한 낮은 사회 인식은 소비자뿐 아니라 조직의 관리자들에게도, 이들을 늘 대체 가능한 인력으로 인식하게 만듦으로써 상습적인 인신공격성 폭력을 가하게 만든다. 실적 위주의 경쟁 체제인 희망카드 콜센터에서 해당 실적에 미달하거나, 상담 업무에 실수가 있었던 경우, 상담원이 관리자의 자리에 불려가 책망을 당하는 경우는 빈번하다. 그리고 정기적인 시험 문제에서 좋은 점수를 못 받은 경우, 관리자가 상담원에게 별도로 '깜지'[38]를 쓰게 한다거나, 심지어는 휴식을 위해 자리를 비운 상담원을 관리자가 흡연실까지 찾아가 욕설을 하며 데리고 온 경우도 있었다. 이러한 폭력은 실적위주의 경쟁 체제와, 해당 팀 및 해당 업체의 실적을 강도 높게 관리해야 하는 관리자의 스트레스 전가, 그리고 콜센터 상담원에 대한 평가절하로부터 기인하는 복합적 문제이다.

---

[38] 주로 중고교 시절 학습과 체벌의 도구로 사용되는 종이에 글씨를 가득 채워 적는 공부 방식이다.

이처럼 상담원들은 소비자 및 관리자에 의한 작업장 폭력에 빈번히 노출됨으로써 상당한 수준의 정신적 스트레스를 경험하게 된다. 그런데 중요한 것은, 이러한 폭력은 이들이 감정노동을 수행하는 직군에 종사하기 때문에 겪는 필연적 문제가 아니라는 것이다. 이는 콜센터 상담원에 대한 근본적 평가절하에서 비롯된다. 콜센터 상담원의 직무에 대한 왜곡된 이해는, 결과적으로, 이들을 전문적 서비스를 제공하는 근로자로서가 아닌 사회적으로 낮은 지위를 지닌 여성으로 각인시킨다. 특정 노동에 대한 평가절하가 해당 종사자들에 대한 평가절하로 연결되고, 이러한 인식이 결국 작업장 폭력의 문제로까지 이어지고 있는 것이다.

또 소비자의 욕설에 대한 대응책을 가지고 있는 소원카드사의 사례는, 콜센터 노동에 대한 인식의 변화와, 지나친 경쟁을 야기하는 조직 구조의 근본적 변화 없이는 제도적 보호 장치도 실질적으로 유명무실해질 수 있음을 잘 드러내준다.

이와 같이 콜센터 상담원들이 당면하고 있는 작업장 폭력은, 서비스직 종사자의 사회적 지위에 대한 저평가와 파행적 소비문화, 그리고 이들의 권리를 포괄하지 못하는 법제도적 한계, 그 외 현행 법제도조차 유명무실하게 만드는 조직 구조 등 다양한 문제로부터 기인하는 복합적인 문제이다. 이러한 작업장 폭력은 반드시 근절해야 할 근로자의 기본권 침해의 문제로 규정되어야 할 것이다.

# 3. 콜센터 노동에 대한 직무 분석 결과

콜센터 노동이 '가만히 앉아서 말만 하면 되는 쉬운 일'이라는 오해는, 콜센터 노동의 주된 수행자인 여성 인력 자체에 대한 평가절하 및 이들이 실질적으로 수행하는 노동 내용에 대한 몰이해에서 비롯된다.[39] 또 콜센터 상담원들이 수행하는 구체적 직무가 비가시화되었던 이유 역시, 여성 집중 직종에 대한 사회적 관심의 결여와 노동시장 내에서의 뿌리 깊은 성차별적 통념에서 그 원인을 찾아볼 수 있다.

지금까지 살펴본 바와 같이 콜센터 노동은, 다양한 직무를 수행하는, 숙련을 요하는 노동이다. 그러나 이들의 직무에 대한 구체

---

[39] 여성 노동에 대한 평가절하의 고착화와 관련해서는 조순경(1996), 김미주(1988, 2000), 정경아(2000)의 논문 참조.

적 평가가 결여되었던 이유로, 콜센터 노동은 단순히 감정노동 수행 직군이라는 막연한 이미지 속에서 존재해왔다. 물론 고객 접점 업무를 수행하는 직종에서 감정노동은 해당 노동을 다른 직종들과 구분 짓는 주요한 직무 특성이 될 수 있으며, 이러한 감정노동은 숙련을 요하는 중요한 직무 요소로서 다루어져야 한다. 그러나 현재와 같은 감정노동의 오용은 콜센터 상담원들이 수행하는 다양한 직무 요소를 비가시화시킬 뿐 아니라, 구체적인 감정노동의 내용마저 왜곡하여 해당 노동에 대한 평가절하를 정당화하기에 문제가 된다. 따라서 이들의 구체적 노동 과정을 확인하는 일은 해당 노동에 대한 왜곡된 이해를 바로잡고 가치의 재평가를 촉구하기 위해 필수적으로 선행되어야 하는 작업이다.

필자가 참여관찰을 통해 희망카드 콜센터 상담원의 직무를 분석한 결과는 [표 8]과 같다.

[표 8] 희망카드 콜센터 상담원의 직무 분석 결과[40]

| 직무명 | 카드사 콜센터 인바운드 상담원 | |
|---|---|---|
| 직무의 정의 | 전화를 걸어 온 고객의 문의에 신속, 정확, 그리고 친절하게 답함. | |
| 직무 모형 | 과업군 | 개별 과업 |

---

40 이상민(2005)이 제시한 '직무 수행자 중심의 직무 분석 조사표'를 직무 분석의 틀로 차용하여, 필자가 각각의 항목을 작성했음.

| 직무 모형 | 상담 업무 | • 고객의 문의 및 요구 사항 확인<br>• 정보의 제공<br>• 전산을 활용하여 정보 변경 및 결제, 발급 등의 다양한 요구 사항 처리<br>• 문자, 이메일, 팩스를 활용하여 고객 요청 자료 및 서류 전송<br>• 증빙 서류 받기<br>• 상담 이력 남기기<br>• 콜 예약자 아웃콜 상담<br>• 영업(카드사 신규 이벤트 홍보 및 카드 발급 유도 등)<br>• 민원 우려 콜 상급자에게 보고 | |
|---|---|---|---|
| | 업무 지식 습득 | • 신입사원 업무 교육(3주, 120시간)<br>• 승급 교육<br>• 일일 방송 교육<br>• 주간 교육(민원 교육, QA 교육)<br>• 상시적으로 진행되는 재교육<br>• 주간 쪽지시험<br>• 월간 정기시험<br>• 통화대기 시간을 활용하여 전산상 상담정보방 열람 및 사내 메신저 공지사항 확인, 배포된 프린트물 확인 | |
| | 모니터링 | • QA 담당자 및 상급자로부터 상담 품질 평가 받기<br>• 셀프 모니터링 | |
| 직무 수행 핵심 역량 | 필요 직무 경력 | 콜센터 경력이 있으면, 업무에 빠르게 적응할 수 있으나 필수적으로 요구되는 사항은 아님. | |
| | 필요 교육 경력 | 정식 취업 전, 업체에서 제공하는 신입사원 교육을 필수적으로 이수해야 함. 학교 교육보다는 업체에서 제공하는 업무 교육이 중요함. | |
| | 필요 능력 | 업무 지식 | 수시로 변경되는 금융권 정책 및 카드사 이벤트를 숙지하며, 다양한 업무 지식을 지속적으로 습득함. |
| | | 전산 활용 능력 | 통화 응대 중, 복잡한 전산을 활용하여 고객의 정보 및 상담에 필요한 정보를 빠르게 검색함. 고객의 요청 사항을 전산을 통해 처리함. |

콜센터 노동에 대한 직무 분석 결과

| 직무 수행<br>핵심 역량 | 필요 능력 | 의사소통<br>능력 | 고객의 요구를 잘 이해하고, 고객에게 쉬운 어휘로 정확한 정보를 전달함. |
| --- | --- | --- | --- |
| | | 감정 관리<br>능력 | 상황에 적합한 감정 표현 및 감정 관리를 통해 고객을 만족시키는 상담을 진행함. 업무 스트레스를 잘 극복함. |

[표 8]의 직무 분석 결과에서 볼 수 있는 것처럼, 콜센터 상담원은 상담 업무의 수행을 위해 실질적으로 다양한 과업을 수행하며, 상담 업무 이외에도 업무 지식의 습득이나 통화 품질의 향상을 위해 지속적인 노력을 기울이고 있다. 그리고 이 과정에서 콜센터 상담원에게 요구되는 직무 수행의 핵심 역량은, 감정노동 수행을 위한 감정 관리의 능력뿐 아니라, 업무 지식의 습득, 전산의 활용, 의사소통 능력 등으로 세분화된다. 물론 보다 객관적이고 구체적인 직무 분석을 위해서는, 업무 수행에 요구되는 각각의 능력에 대한 비중의 측정이 필요하다.[41] 그러나 이는 추후의 과제로 남겨두기로 하고 여기에서는 '감정노동자'로 불리는 콜센터 상담원의 직무와 감정노동 간의 관계를 살펴보고자 하였다.

---

41 물론 노동의 가치를 측정하는 직무평가 및 이러한 통계의 수치가 '객관적'이고 '과학적'일 수 있는가에 대한 문제는 여전히 남아 있다. 평가 주체의 가치관과 편견이 늘 평가의 과정에 개입되기 때문이다. 따라서 실제 노동의 가치를 평가하는 일은 늘 논쟁과 토론의 대상이 될 수 있다. 해당 내용은 조순경(1991)의 논의 참조.

물론 감정 관리 능력은 콜센터 상담원에게 필요한 필수적 자질이며, 이들이 수행하는 감정노동은 결코 단순한 친절로 획일화될 수 없는 숙련을 필요로 하는 노동이다. 그러나 문제가 되는 것은, 이들의 직무를 단순히 감정노동만으로 설명하려는 현행 논의의 방식이다. 서비스직 노동의 주요한 직무 특성인 감정노동의 가시화를 통해, 오히려 서비스직 종사자들이 실질적으로 수행하고 있는 다양한 직무 요소가 비가시화되고 있는 현재의 딜레마는, 사실상 감정노동 개념의 잘못된 정착과 사용에 의한 것이다. 즉 감정노동 개념에 대한 모호한 이해가 감정노동 개념의 오용으로 이어지고, 이는 결국 감정노동 수행 직군으로 알려진 서비스직 종사자들의 직무에 대한 왜곡된 이해를 양산하고 있는 것이다. 따라서 감정노동이 대인 서비스 종사자들의 주요한 직무 수행 요소 중 하나로 개념화될 때 비로소 이 같은 문제는 해결될 수 있을 것이다.

# 감정노동 문제의 해체
## :진짜 문제는 무엇인가

Emotional Labor,
The Trap In Its Name

# 1. 직무 전문성의 비가시화

## 1) 콜센터 노동의 탈숙련화에 대한 오해

여성들이 주로 수행해온 특정 노동에 대한 막연한 이미지는, 이들의 노동을 전통적인 성역할의 연장선상에서 이해하게 함으로써, 해당 노동에 대한 정당한 직무 평가를 방해해왔다. 즉 전통적 성역할에 대한 고정관념은 여성들이 노동시장에서 수행하는 노동의 내용을 왜곡해서 이해하게 함으로써, 결과적으로 여성의 일을 상대적으로 쉽고, 안전하고, 저임금의 무가치한 일로 평가절하하게 만들어 온 것이다.[1]

대표적 여성 집중 직종의 하나인 콜센터 노동이 오랫동안 표준

---

1   해당 논의는 정경아(2000)의 논문을 참조할 수 있다.

화된 단순 반복적 업무로 간주되며 사회적으로 저평가되었던 것 또한 이러한 맥락 안에서 해석될 수 있다. 특히 콜센터 상담원에게 요구되는 자질인 의사소통 능력과 공감 능력, 친절함 등이 전통적 여성의 특성과 일치한다는 통념은 해당 노동을 여성에게 적합한 일, 혹은 여성이라면 누구나 할 수 있는 저숙련, 저임금의 노동으로 인식하게 만들었다. 실제 희망카드 콜센터의 채용 공고에는 여성 우대의 조건이 고시되어 있었다. 신입사원 면접 당시 여성 우대의 이유를 묻는 필자의 질문에 면접관은, 콜센터 노동은 "욱하지 않는 여성에게 아무래도 유리한 업무이기 때문"이라고 설명하였다. 이러한 인식은 콜센터 상담원에게 요구되는 업무상 자질 중 하나인 감정 관리의 능력이 성별에 따라 다를 수 있다[2]는, 성격적 특성에 대한 성별 고정관념에서 비롯된다.

실제로도 콜센터 노동은 여성들에 의해 주로 수행되고 있으며, '가만히 앉아서 말만 하면 되는 일'이기 때문에 쉽고, '감정 관리를 잘 해야 하는 일'이기 때문에 여성에게 적합한 것으로 간주된다.

---

2 감정 관리 및 감정노동에 있어 '성별'의 변수는 학계에서도 지속적인 연구의 대상이 되어왔다. 이와 관련하여 브로디와 홀(Brody & Hall, 2008)은 타고난 기질 및 사회화 요인에 의해 감정체계에 성별에 따른 차이가 발생함을 지적하였고, 심슨과 스트로(Simpson & Stroh, 2004)는 '긍정적' 감정 표현은 여성에게 더 적합하다고 보았으며, 콴(Khan, 2012)은 여성이 남성에 비해 감정노동에 더 탄력적으로(more resilient) 적응한다고 주장한 바 있다.

실제 이러한 통념은 많은 여성들에게도 내면화되어 있으며, 콜센터 경력이 없는 다양한 직종에 종사하던 여성들이 처음 콜센터에 진입하게 되는 이유가 되기도 한다. 채용 장벽이 낮으며, 여성이라면 누구나 할 수 있는 쉬운 일이라는 콜센터 노동에 대한 통념은, 새로운 직종으로 이직을 준비하거나 경력 단절을 경험한 여성, 특별한 기술을 가지지 못한 사회 초년생들에게는 꽤 매력적인 조건으로 느껴질 수밖에 없다.

> *(갑자기 콜센터로 올 생각은 어떻게 했어?)*
> 친구가 ○○카드 팀장이거든. 친구가 "너도 해봐라" 이러길래. 난 솔직히 되게 간단할 거라 생각을 했어. 왜냐면 나는 계속 활동적인 일을 하고 서 있는 일을 하고 이랬던 사람이기 때문에, 우선 콜센터의 가장 큰 메리트가 '앉아서 일한다', 그리고 주말, 금융사니까 '휴일이 보장된다' 이거였거든. '앉아서 말만 하면 되는데 뭐가 힘들어?' 그랬지. 그렇게 어려울지 몰랐지…
>
> [사례 1] 희망카드 콜센터 사례

그러나 콜센터 노동이, 가만히 앉아서 말만 하면 되는 비교적 쉬운 일이라는 인식은 신입사원 교육과 채용 시험이라는 채용의 과정을 거치며 자연스럽게 깨지게 된다. 실제 희망카드사 콜센터의 경우 업무 교육의 수준은 매우 높은 편이어서, 교육 과정 중에도 중도 이탈자가 많이 발생하며, 채용 시험을 통과한 이후에도 많은 상담원들이 입사 후 단시간 내에 업무 부적응으로 인한 퇴사를 하게 된다. 실제 채용 합격이 되고 나서도 출근을 하지 않거나, 입사 후 한 달도 채 되지 않아 '울면서' 퇴사를 결정하는 상담원들이 자주 발생한다. 이들은 업무 지식이 부족한 상태에서 고객의 전화를 받는 것 자체가 "무섭다"고 말한다. 즉 상담의 내용이 모두 실시간으로 녹취되고 평가의 대상이 되는 상황에서 상담원의 미숙함을 이해해줄 리 없는 고객과 전화를 해야 한다는 것 자체가, 공포와 긴장을 경험하게 하는 것이다. 신입 상담원의 단기간 내 퇴사는 주로 과거 콜센터 경력이 없는 입사자들에게서 많이 나타나는 현상으로, 이는 업무 지식의 습득과 사전 실습의 과정이 충분히 제공되지 않기 때문에 발생한다.

그럼에도 불구하고 많은 콜센터에서는 신입 상담원들에게 충분한 사전 훈련의 시간을 제공하지 않는다. "상담 업무는 부딪치며 배우는 일"이라거나 "어차피 살아남을 사람은 살아남는다"는 뿌리 깊은 고용 관행이 있기 때문이다. 그리고 이러한 고용 관행은 현실적으로 시간과 비용의 문제이기도 하지만, 동시에 시간과 비용의 문제에 대한 오해에서 비롯된 것이기도 하다.

*(그러면 예전 보험사에선 교육을 얼마나 받았어? 처음*
*에 입사 전에?)*

거기는 좀 짧아. 한 달 교육이 실기랑 필기 다 같이 보고 바로 팀 배정 받아서 바로 올 커버.

*(한 달 동안? 한 달 동안 배우고 바로 올 커버? 아까 멀티들이 받는 거까지 다 받는 거야?)*

하하. 거기는 그래서 다들 도망가. 살아남는 사람만 키운다는 주의여서 거진 1년 안에 다 도망가. 1년이 뭐야, 한 달 안에 다 도망가기 시작하는데.

*(한 달 교육 받고 멀티라고? 야~ 대단하다. 가능해?)*

나는 한 3개월인가 4개월 만에 우리 동기가 딸랑 나 포함해서 3명 남았었어. 열몇 명 중에.

*(열몇 명에서 다 나가고 세 명.)*

그걸 맨날 뽑아. 매~달 뽑아. 매~달 뽑아서 도~망가 계속 도망가. 살아남는 애만 남는 거야. 근데 남으면 오래 가. 남으면 다 이겨낸 애들이라.

*(그렇겠네. 바로 멀티로 투입되면.)*

그냥 처음엔 멘붕인 상태에서 받는 거야…

[사례 3] 보험사 콜센터 사례

대부분의 콜센터는, 상담원들의 잦은 퇴사로 인해 늘 인력 부족의 어려움을 겪는다. 그리고 시급한 인력 보충의 요구는 신입 상담원들에게 충분한 업무 습득의 시간을 허락하지 않는다. 실질적으로 해당 업무에 대한 별도의 배경 지식이나 적합한 적성,[3] 콜센터 노동의 경력이 없다면, '살아남기' 힘든 구조인 것이다. 그러나 숙련된 상담원을 키워내고 이들에게 적절한 보상을 하려는 의지가 없는 이러한 인력 관리 시스템은, 실질적으로 매달 신입 상담원 채용을 위한 교육비로 상당한 예산을 지출하게 함으로써 결과적으로 많은 시간과 비용을 낭비하게 만든다.

특히 최근 콜센터 노동은 감정노동 차원에서 접근되어 빈번히 언론에 노출됨으로써, 감정노동을 수행하는 대표적인 직군으로 그 이미지를 구축하고 있다. 이에 따라 고객 접점 과정에서 발생하는 상담원들의 감정노동은 콜센터 노동을 구성하는 핵심 직무로 묘사되어왔다. 또한 콜센터 상담원을 대표적인 '감정노동자'로 지칭하게 되면서, 이들의 업무상 고충은 단순히 감정노동 수행의 부정적 결과 차원에서 설명되고 있는 실정이다.

그러나 콜센터 상담원의 업무는 단순한 말하기가 아닌, 업무 지식과 전산의 활용을 통해 이루어지는 정보와 서비스의 전달이다. 따라서 이러한 업무를 수행하기 위해서 이들은 다양한 업무 지식을 습득하고 복잡한 전산을 활용하며, 빠른 시간 내에 많은 문의 건을 오류 없이 처리하기 위한 반복된 훈련을 거친다. 바로 숙련

---

3  업무 지식 및 전산의 활용 능력, 의사소통 능력, 그리고 감정 관리 능력을 포함한다.

형성의 과정인 것이다.

일각에선 콜센터 산업에 자동화된 시스템이 도입되면서, 콜센터 노동의 탈숙련 경향은 더욱 심화되고 있다고 주장한다(Taylor&Bain, 1999; Bain et al., 2002). 그러나 이것은 콜센터 노동의 구체적 노동 과정에 대한 이해의 부족으로 생겨난 오해이다. 제4장에서 살펴본 바와 같이 콜센터 노동은 다양한 직무 능력과 숙련이 요구되는 노동이다. 특히 콜센터의 자동화 시스템 도입은 상담원들에게 더 빠른 속도와 정확성을 요구하게 되었으며, 컴퓨터 시스템을 통해 더 많은 정보를 확인하고 더 많은 일들을 처리할 수 있게 됨으로써 콜센터 상담원들의 업무 범위는 더욱 확대되어가고 있는 실정이다.

그럼에도 불구하고 여전히 콜센터 노동은 단순, 저숙련 노동으로 평가받게 됨에 따라 이들이 실질적으로 당면한 업무상 고충은 가시화되지 않으며, 해당 종사자들에 대한 사회적 인식 개선도 여전히 이루어지지 못하고 있다. 특히 최근 한국 사회에서 통용되는 감정노동 개념은, 이들이 실질적으로 수행하는 감정노동의 내용조차 왜곡함으로써 대인 서비스 직종에 대한 평가절하를 재생산하고 있다.

## 2) 감정노동의 비전문성에 대한 오해

구체적으로 '감정노동이 무엇인가'에 대한 사회적 합의가 이루어지지 않은 채 해당 개념이 다양한 상황에서 혼재되다 보니, 감정노동은 서비스직 노동의 특수성과 전문성의 가시화 차원이 아닌, 그 자체로 규제해야 할 사회문제로 논의의 대상이 되어왔다. 이 같은 감정노동에 대한 부정적 인식은 여성들이 집중적으로 진출하고 있는 대인 서비스 직종 전반에 대한 평가절하를 양산하기에 더욱 문제가 된다.

실제로 한 콜센터 업체는 "우리는 감정노동자가 아닙니다. 소통전문가입니다"라는 캐치프레이즈를 통하여 상담원들의 사기를 진작시키려는 노력을 진행 중이기도 하다. 이 문구에는 업무 전문성을 비가시화시키는 감정노동자라는 용어의 한계를 인식하고, 자신들이 수행하는 노동이 단순히 친절만을 제공하는 획일화된 노동이 아님을 알리려는 의지가 내포되어 있다. 이들은 이미 한국사회에서 통용되는 감정노동자라는 용어의 부정적 이미지를 간파하고 이에 저항하고 있는 것이다.

그러나 초기, 감정노동의 개념화는 그동안 서비스직 종사자들이 수행해왔던, 그러나 노동으로 인정받지 못했던 감정 관리의 노력에 대해 그 가치를 인정하려는 시도에서 비롯되었다. 즉 감정노동의 개념화는 해당 종사자들이 수행하는 노동의 실질적 내용을

제5장 감정노동 문제의 해체 : 진짜 문제는 무엇인가

드러내고, 해당 직무에 대한 가치의 제고를 이루기 위한 노력의 일환이었던 것이다.

그렇다면, 실제로 무엇이 감정노동인가를 살펴볼 필요가 있다. 사실 감정 체계라는 것 자체가 언어화되기 모호한 부분이 있는 것처럼, 감정노동의 내용 역시 언어로써 정교화되기 어려운 부분이 있다. 즉 '승무원이 하는 종류의 긍정적 감정 표현'과 '추심원이 하는 종류의 부정적 감정 표현'이라는 표현처럼, 특정 직종 종사자들에게 요구되는 감정 표현 규범은 일정한 이미지로서 획일화되어 있는 것이다. 그러나 승무원들이 수행하는 감정노동이 단순히 '웃는 얼굴'로 획일화될 수 없는 것처럼 각각의 서비스직 종사자들에게 요구되는 감정 표현의 규범은, 각각의 종사자들이 수행하는 업무 및 업무 수행과정에서 그때그때 처한 상황에 따라 달라질 수밖에 없다. 콜센터 상담원에게 요구되는 감정 표현 규범 역시 단순한 친절함으로 획일화될 수 없으며, 이들의 감정 관리의 노력 역시 단순히 고객으로부터 오는 스트레스를 견디는 일로 설명될 수 없다.

실제로 콜센터 상담원에게 요구되는 감정 표현 규범은 고객이 처한 상황에 따라 달라지며, 상황에 맞는 적합한 감정 표현을 알맞게 표출하는 일은 많은 훈련을 통해 가능해진다. 그렇다면 감정노동이 '전문적'일 수 있는가. 감정노동도 '숙련'될 수 있는가의 문제를 살펴볼 필요가 있다. 이를 위해서는 감정노동을 업무 스트레스라는 결과적 차원이 아닌, 훈련과 숙련, 그리고 전문성이라는 과정과 내용의 측면에서 접근할 필요가 있다.

일터에서의 감정노동은 혹실드(Hochschild, 1983)에 의해 지적된 바와 마찬가지로, 오랫동안 가정 안에서 수행되었던 여성들의 감정 관리의 연장선상에서 이해되기도 한다. 이 때문에 그 전문성은 가정 안의 여성들의 역할과 마찬가지로 오랫동안 평가절하되어 왔다. 실제 희망카드 콜센터에서는, 감정노동의 어려움을 에둘러 표현하는 말로 흔히 "고객은 아이와 같다"는 표현을 사용하고 있다. 이때 상담원의 역할은, '엄마'와 같은 마음으로 '아이'와 같은 고객을 돌보고 달래는 일로 설명된다. 즉 고객의 마음을 알아차리고, 공감하고, 설득하는 감정노동의 과정은 여성적 일로 특성화되어 있는 것이다.

그러나 이러한 감정노동은 전통적 여성의 역할과 마찬가지로, 여성이라면 누구나 수행할 수 있는 쉬운 일이 아니다. 굳이, 고객의 욕설마저 감당해야 하는 노동자들의 상황을 감안하지 않더라도, 실제 이들은 감정 관리의 어려움을 호소하고 있다. 실질적으로 개인적으로 처한 상황에 따른 다양한 감정을 숨기고, 조직에서 요구하는 감정 표현 규범을 일관적으로 표출한다는 것은 쉬운 일이 아니다. 더욱이 '아이'와 같은 고객의 요구를 알아차린다는 것, 이들의 불만과 불편함의 호소에 공감하면서도 정해진 조직의 규범에 맞게 문제 상황을 해결한다는 것은 단순한 저숙련의 노동으로는 설명될 수 없는 일이다. 그럼에도 불구하고 이렇듯 여성화된 감정을 표출해야 하는 감정노동은, 오랫동안 평가절하되어온 전통적 여성의 성역할과 마찬가지로 저평가되어왔다.

## 3) 기존 통념의 내면화와 재생산

사회적으로 만연한 콜센터 노동에 대한 평가절하는 상담원들 스스로도 자신의 일에 대한 평가절하를 내면화하게 만든다. 물론 이들은 자신의 노동이 평가절하되는 상황에서 분노를 경험하지만, 자신들의 경험을 공유하고 부당한 대우에 문제를 제기할 수 있는 공식적 통로가 마련되어 있지 않은 상황에서, 개인적 차원의 분노와 좌절을 넘어 부당한 현실을 바꾸기 위한 목소리를 내는 것은 쉬운 일이 아니다.

더욱이 자신의 직무 능력을 끊임없이 의심하게 만드는 콜센터의 과잉 경쟁 시스템은 상담원들을 쉽게 좌절시킴으로써, 상담원들이 자신의 직업과 직무 능력에 대한 자부심을 갖지 못하게 만들고 있다.

희망카드 콜센터에서 참여관찰하는 3개월 동안, 필자는 어려운 상담 업무 때문에 무척이나 고생을 했다. 숙지해야 하는 엄청난 양의 업무 지식을 시간의 부족으로 미처 습득하지 못하거나 배워도 한번에 이해하지 못하는 일이 빈번했고, 미숙한 대응과 오안 내로 인해 밀려오는 민원을 감당하지 못하고 울기도 했다. 그리고 업무 지식과 전산 활용 능력의 부족으로 인해 속도 관리가 되지 않아 할당된 콜 실적을 채우지 못하고 관리자로부터 핀잔의 말을 듣기도 했다. 이외에도 매주, 매달 진행되는 시험 때문에 공부를 해야 한다는 심리적 압박을 경험했다.

과거 콜센터의 근무 이력이 없는 상담원들은 자주 모여 상담 업무의 어려움을 공유했고, 응대 실수로 인해 민원이 발생할 때마다 경력직 상담원들에 비해 유독 많은 감정적 동요를 경험했다. 이 과정에서 필자는 상담 업무를 잘 소화해내지 못하는 스스로의 무능함에 대해 고민할 수밖에 없었다. 그리고 이러한 고민을 경력직 상담원들과 나눌 때마다 돌아오는 대답은 "하다 보면 그렇게 어렵지는 않은 일"이라는 것이었다. 그들은 "네가 이 일을 처음 해봐서 그래"라거나 "그 문의를 처음 받아봐서 그래", "그 질문을 몇 번 받아보면 괜찮을 거야" 등의 방식으로 필자를 포함한, 과거 콜센터 경력이 없는 상담원들을 위로했다.

그럼에도 불구하고 '어렵지 않은 일'을 어려워하고 있는 수많은 상담원들의 고충은 지속되었고, 업무 지식을 제대로 습득하지 못한 상담원들이 잘못된 안내를 통해 민원을 유발시키는 일 역시 반복되었다. 그렇다면 어떤 문의가 들어올지 사전에 예측할 수 없는 콜센터 노동에서, 동일한 문의에 대해 반복된 응대 훈련을 한다는 것은 무엇을 의미하는가.

콜센터 노동을 '그리 어렵지 않은 일'로 설명하는 것은 비단 희망카드 콜센터 직원들뿐만은 아니었다.

> *(업무는 안 어려워?)*
>
> 업무는 편해. 정말 편해. 괜찮아. 업무는 알면은 답 바로바로 할 수 있는데, 그거를 가지고 회원이 민원을 거냐 안 거냐 그 차이지.
>
> *(그게 무슨 말이야?)*
>
> 업무는 배우면 다 할 수 있어. 다 누구나 할 수 있는 일이야. 근데 회원들이 거의 콜센터 전화하는 이유가 뭐야. 다 불만이 있으니까, 되는 게 안 되니까 전화를 한 거잖아. 그 사람들은 강도가 약한 사람이 있고 정말 이제 화나서 쌍욕 하려고 전화를 하는 사람들이 있잖아, 분명히. 그런 사람들을 케어를 어떻게 하느냐에 따라서 내가 힘드냐 안 힘드냐 그건데. 케어를 잘 해도 힘들 때 있어. 근데 케어를 잘 못해도 안 힘들 때가 있어. 그 차이가 뭐 때문에 그러는지는 잘 모르겠는데 똑같은 문제인데 엄청 힘들 때도 있고 덜 힘들 때도 있고 별거 아닌 거에 미친 듯이 짜증날 때 있고… 그건 자기가 어떻게 케어하냐 차이인 것 같아…. [사례 4] 소원카드 콜센터_ 위탁업체B 사례

소원카드 콜센터에서 2년 동안 근무한 [사례 4]는 카드사 콜센

터 업무가 어렵지 않냐는 필자의 질문에 "배우면 누구나 할 수 있는 일"이라고 답한다. 배우면 누구나 할 수 있을 만큼 업무는 편하지만 정작 문제는 민원인을 상대할 때의 감정 관리라는 것이다. 또한 욕설을 하는 고객을 잘 케어하고, 이때 자신의 감정을 잘 관리하는 것이 업무 지식을 습득하는 일보다 어려운 점이라고 답한다. [사례 4]는 감정노동 차원에서 콜센터 노동을 설명하고, 업무상 고충을 감정노동 및 작업장 폭력으로부터 기인하는 스트레스라고 설명하고자 한 것이다. 사실 이러한 말만 들으면, 최근 언론에서 빈번히 노출되는 콜센터 노동의 이미지가 현실을 그대로 반영하고 있다고 생각할 수 있다. 그러나 이는 기존 통념의 내면화가 다시 그 통념을 재생산하는 방식으로 재현되고 있음을 보여줄 뿐이다. 이 같은 콜센터 노동에 대한 정형화된 설명은, 구체적인 업무 내용 및 숙련에 대한 대화를 나누다 보면 금세 달라지고는 한다.

> *(2년이면 지금은 업무에 대해서는 숙련이 됐겠네?)*
> 근데 이게 카드사는 너도 알겠지만, 예외 처리라든지 예외 적용 이런 부분이 너무 많아서 내가 알고 있는 게 확답을 할 수가 없어. 맨날 바뀌고.
> *(맞아. 카드사 정책 맨날 바뀌고.)*
> 어, 어제 말한 게 오늘 똑같이 말하면 오안내가 되고…
>
> [사례 4] 소원카드 콜센터_ 위탁업체B 사례

[사례 4]는 콜센터 노동을 배우면 누구나 할 수 있는 편한 일이라고 설명하지만, 다시 숙련 여부를 확인하는 필자의 질문에는 콜센터 상담원의 업무는 끊임없는 재교육이 필요한 노동임을 강조한다. 특히 소원카드 콜센터의 경우 계속 재교육을 받으며 상위부서로 진급해야 하고, 상위부서에 진급하고 나면 문의의 내용이 새롭게 추가되기 때문에 새로운 문의는 늘 긴장 상태를 유발하며, 콜센터 업무의 특성상, 어제 했던 대로 안내하면 오늘은 오안내가 되는 상황이 빈번히 발생한다는 것이다.

이처럼 자신이 수행하는 업무를 '그리 어렵지 않은 일'로 설명하지만, 그럼에도 불구하고 업무상 어려움을 겪고 있는 자신의 상황을 설명하려는 이중적 말하기는, 콜센터에서 오래 일한 상담원들에게 공통적으로 나타나는 현상이다.

실제로 다양한 콜센터에서 근무한 이력이 있는 [사례 2]는, 콜센터 업무를 어려워했던 필자에게, 콜센터 노동은 "그렇게 어렵지는 않은 일", "(실적에 대한) 욕심만 버리면 잘 할 수 있는 일"이라고 말한다. 그러면서도 한편으론 개인의 성격 차이를 지적하며, 관련 내용을 완벽히 숙지하지 못하면 콜 백 상담을 진행하지 못하는 자신의 성격 탓에 원하는 만큼 콜 실적이 나오지 않았던 상황이 있었음을 이야기하기도 한다. 이는 바꿔 말하면, 정해진 시간 내에 완벽히 숙지하기 어려운 복잡한 상담 지식이 있다는 것, 그리고 상담 업무를 진행하기에 유리한 성격, 즉 업무상 자질이 있다는 뜻으로 풀이될 수 있을 것이다.

한편, 아래에 소개된 내용은 보험사 콜센터에서 근무 중인 [사례 3]의 이야기이다.

*(처음에 콜센터 갔을 땐 어땠어? 할 만했어? 그때가 20대 초반이었을 거 아니야.)*

스물셋? 스물넷? 그때여서. 교육받을 땐 그냥 난 좀 특수하게 어렸을 때부터 우리 아빠가 그런 거 잘 모르고 해서 내가 고등학교 때부터 증권 챙기고 했던 게 있기 때문에 보험 용어는 그렇게 낯설진 않았고 우리 아빠가 연세가 좀 많아서 한자를 많이 쓰시는 편이어서, 그랬던 경험이 있어서 들으면 대충 눈치로 아, 이게 뭔 말이겠구나. 그리고 그 학교에 교육이었던 것도 있는데 학교 때 한자를 많이 공부할 때.

*(고등학교 때?)*

고등학교 때 실업계다 보니까 교과서 과정을 안 했어. 교과서를 봤긴 했는데, 사자성어, 실용한자. 니들이 가서 사장이 뭐라고 하면 못 알아들어서 멍청히 있지 말라고. 그러니까 읽거나 그 한자를 쓸 줄은 몰라도 들으면 다 이해는 하라고, 그렇게 교육을 3년을 받았기 때문에 한자를.

*(아, 기본적으로 한자를 많이 알았구나.)*

학교에서부터 좋았지. 학교가. …(중략)… 맨날 본 게 사자성어. 쓸 줄은 몰라. 근데 들으면 뜻은 알 수가 있어.

*(익숙했구나. 보험용어나 계약.)*

'실효'라고 딱 들어도 이게 무슨 한자어가 섞였겠구나.

*(실효?)*

'효력 상실' 이렇게 풀어서 이해하게끔. 교육을 3년 한 거지, 고등학교 때 본의 아니게. … (중략) … 근데 저번에 대학교 졸업한 애들이 우르르 왔었는데 싹 다 떨어졌대. 용어를 못 외워서.

*(보험 용어가 너무 낯선 거야? 학력이 보통 어느 정도 되는 거 같아? 지금 다니는 분들?)*

대졸도 많아, 여기는. 여긴 대졸도 많고. 근데 고졸부터 뽑기 때문에 고졸인 사람도 있고.

*(이 업무를 익히고 하는 거에는 사실 학력의 문제는 아닌 거잖아.)*

그렇지. 센스가 있냐 없냐는 거지 그냥.

*(센스… 가지고 있었던 의학이나 보험이나 이런 배경 지식도 사실은.)*

있으면 좋은 거고 없으면 배우면 되는 거지. 여기는 "없으면 배워." 이거야.

*(없으면 배워 이런 거야?)*

[사례 3] 보험사 콜센터 사례


상담원들은 물론, 콜센터 업체에서도 상담 업무는 '배우면 되는 일'이라고 설명하지만 실상은 그렇지 않다. [사례 3]이 근무하는 보험사 콜센터의 경우, 온통 한자어의 조합인 보험 용어를 외우지 못하거나, 보험과 관련된 업무 배경 지식이 없고, 과거 콜센터에서 근무한 이력이 없는 신규 입사자들의 경우, 실질적으로 정해진 시간 동안 업무를 배우는 것이 불가능해 업무 부적응을 경험하고 있기 때문이다. [사례 3]의 경우, 자신의 한자어 능력과 보험 관련 배경 지식이 보험사 콜센터 업무를 수행하는 중요한 자질이자 능력이 되었지만, 이는 없어도 그만인 배우면 되는 능력으로 평가받고 있다.

이처럼 '진입 장벽이 낮은, 누구나 할 수 있는 일'이라는 콜센터 노동에 대한 통념은 상담원들에게도 내면화되어 있다. 콜센터에서 '살아남은' 숙련된 상담원들은, 실제 자신이 콜센터 업무에 잘 적응한 것은 자신의 배경 지식, 자신의 적성, 자신의 노력 덕분이 아닌 콜센터 노동이 배우면 누구나 할 수 있는 일이기 때문이라고 설명한다. 다만 콜센터 노동에 어려운 점이 있다면, 감정 관리의 필요에 의해서 발생하는 스트레스 때문이라는 것이다.

콜센터 노동에 대한 이 같은 인식은 콜센터 내부에서도 확산되어 있으며, 그 결과 심각한 업무 부적응을 경험하는 신입 상담원들은 '이상한 사람', '답 없는 사람'으로 낙인찍히게 된다. 특히 시급한 인력 충원을 위해 뽑은, 충분한 업무 습득을 거치지 못한 자격 미달의 상담원들은, 끊임없이 민원을 유발함으로써 다른 상담원들에게까지 피해를 주기 때문에, 이 과정에서 콜센터 노동은 다시 '아무나 다 받으면 안 되는 노동'으로 의미화된다.

> 진짜 답 없어. 가끔씩 어떤 자리 갔는데 '부채춤' 추고 울고 있으면 정말 난감해. "회원이 저한테… 흐흐흑." 그럼 내가 "괜찮아요?" 그런 애들이 열 명이 차 있는 팀도 있어. 희망카드는 많이 가려 받잖아 그래도. 시험 테스트 본 다음에. 근데 지금처럼 이렇게 인원이 모자랐을 때는 소원카드에서 '얼마를 뽑아라' 라는 게 오면 우리가 뽑아야 되는 상황인 게 있기 때문에…
>
> [사례 1] 소원카드 콜센터_ 위탁업체A 사례

[사례 1]은 인터뷰 당시, 소원카드 콜센터에서 신입 상담원들을 위한 '스탠딩 지원' 업무를 담당하고 있었다. 스탠딩 지원이란 업무에 미숙한 신입 상담원들을 위해, 숙련된 선임 상담원들이 자리를 팀 단위로 돌아다니며 업무를 지원해주는 것을 뜻한다. 신입 상담원들은 응대 중 모르는 내용이 있으면, 일단 콜 백 약속을 잡고 전화를 종료한 뒤, 자리에서 손을 들어 스탠딩 지원 인력을 호출하는 것이 원칙이다. 그러나 아주 사소한 정보를 본인이 모르거나, 고객이 전화를 단선하기를 거부해 고객과의 일차적 상담 종료가 곤란한 경우, 신입 상담원들은 고객을 대기시켜놓은 상태에서, 스탠딩 지원 인력을 급하게 호출하기도 한다. 이는 물론 규정 위반이기 때문에 신입 상담원들은 급한 마음에 팔을 마구 흔들

거나 자리에서 벌떡 일어나 스탠딩 지원 인력을 찾아 기웃대기 때문에 이러한 모습은 소위 '부채춤'이나 '미어캣'이라는 우스꽝스러운 별칭으로 불리기도 한다. 특히 신입 상담원들이 입사한 지 얼마 안 되는 월초에, 특히 콜 인입이 몰리는 시간대에는, 여기저기에서 동시에 스탠딩 지원 인력을 찾아 '부채춤'을 추고, '미어캣'처럼 자리에서 벌떡벌떡 일어나기 때문에 이는 지원 인력이 부족한 콜센터 내에서 흡사 우스꽝스럽고 난감한 모습으로 연출되기도 한다.

콜센터 노동은 누구나 할 수 있는 쉬운 일로 인식되고 있지만, 실제로는 늘 심각한 업무 부적응자들이 속출하는 곳이기도 하다. 콜센터 노동이 누구나 할 수 있는 일이라는 인식은, 콜센터 노동의 시급한 인력 충원의 요구와 맞물려, 짧은 시간의 업무 교육 과정만을 거친 미숙한 상담원들을 '실전'에 투입시키는 결과를 낳는다. 이때 몸으로 부딪치며 살아남은 상담원들은 숙련된 상담원으로 성장하게 되지만, 적응하지 못한 상담원들은 좌절만을 경험한 채 퇴사를 결정하게 된다. 특히 '이 일이 어려운 것이 아닌, 내가 무능한 것'이라는 메시지는, 알게 모르게 상담원들에게 주입되어 상처를 남긴다.

*(아~ 그러면 지금 적응을 좀 잘하고 있는 사람이 있고,*
*아직도 버겁다는 사람들이 있었잖아. 그럼 차이가 어떤*

거야?)

이력의 차이일 수 있는 게 콜센터, 보험사 콜센터 다녀 봤던 건 나랑 어떤 언니 한 명밖에 없고, 한 언니는 그래 도 홈쇼핑 콜센터 경력이 있어서 3명 경력이 있고. 한 명 은 이제 설계사였기 때문에 콜의 경력은 없지만, 업무를 이미 다 알고 있고.

*(업무 지식이 많구나.)*

모든 일은 이미 알고 있고 그런 사람들이기 때문에 이 네 사람은 그나마 되는데, 이 두 사람은, 콜 경험이 아예 아무것도 없는 언니 한 명이랑 대출팀에만 있었던 언니가 있기 때문에 인바운드에 대한 평가 기준이나 이런 걸 잘 몰라서 많이 어렵다고 느끼는 언니도 있고. 또 한 가지가 고객이 뭐라고 막 화를 냈을 때 대처하는 방법이라든지 이런 게 이제, 다른 콜센터라도 있어보면 둘러치는 건 어 떻게든 내가 빠져나가는 건 있는데, 그냥 멘붕에 빠져버 리는 그 차이?

*(콜센터 경력, 인바운드 경력이 없을 경우에 힘든 부 분이 있는 거구나? 그럼 업무에 대한 힘든 건 어떤 것 같 애?)*

업무 같은 경우에는 수월할 수는 있지. 그 친구랑 나랑 똑같이 보험사에 있었던 사람들은 수월할 수 있지. 눈치 껏 고객이 뭐라고 하면 아, 얘가 이걸 말하고 싶은데 이 렇게밖에 말 못 하는 거였구나. 그러면 내가 "A를 말하는

게 맞니?" 되물어서 빨리 콜을 끝낼 수 있는 거고. 그런
걸 안 한 사람은 이 사람이 A에 도달할 때까지 같이 산으
로 가고 있는 거지, 그냥. 계속 듣고 있을 수밖에 없으니
까. 이 사람이 원하는 게 뭔지 모르니까…

[사례 3] 보험사 콜센터 사례

설사 콜센터 상담 업무가 배우면 누구나 할 수 있는 업무라 할
지라도, 배움의 시간이 한정되어 있는 한 누구나 그 일을 수행할
수 있는 것은 아니다. 더욱이 콜센터 노동은 속도의 관리가 필요
한 상당한 숙련 노동이며 끊임없는 업무 지식의 습득과 함께 고도
의 감정 관리가 이루어져야 하는 일임을 염두에 둘 때, 콜센터 노
동이 '누구나 할 수 있는 일'이라는 통념은 사실이 아니다.

그러나 콜센터 상담원들조차 이러한 통념을 내면화하고 있기
때문에 이러한 통념은 끊임없이 재생산된다. 이때 상담 업무는
'어렵지 않은 일'이기 때문에 콜센터에서 발생하고 있는 상당수의
업무 부적응자들은 개인적 차원에서 무능한 사람으로 평가받게
되는 것이다.

제5장 감정노동 문제의 해체 : 진짜 문제는 무엇인가

# 2. 감정노동의 문제에서
# 고용 형태와 작업장 폭력의 문제로

　감정노동과 소진의 상관관계는 사회학자들의 오랜 관심사이다. 혹실드(Hochschild, 1983) 이후에도 지속된 많은 연구들은 감정노동의 결과를 밝히는 데 관심을 기울여왔고, 그 결과 감정노동은 근로자의 '직무 소진' 및 '스트레스'를 야기할 수 있음이 밝혀져왔다(Morris&Feldman, 1996; Grandey, 2000; Mathur et al., 2013; 김민주, 1998; 윤은형, 2007; 이수연, 2008; 채수석, 2013; 강한철, 2014).

　이러한 연구들은 공통적으로, 감정노동이 서비스직 종사자들에게 과중한 업무 스트레스를 유발하는 요인이며, 이는 곧 소진으로 이어져 근로자들의 이직률을 높이고 업체의 성과에도 영향을 미친다는 연구 결과를 내놓는다(윤은형, 2007; 이수연 2008; 강한철, 2014). 그러나 감정노동 수행의 결과를 양적으로 증명하려는 이러한 연구들은, 결과적으로 감정노동과 직무 소진 및 스트레스의 인과관계를 단순화시켜 설명함으로써 실질적으로 서비스직 종사자들이 당면한 문제가 무엇인지를 보지 못하게 만드는 한계를 갖는다. 이들의 고용 형태, 업무 강도, 사회적 인식 등과 같은 복합적 요인에 대한 관심이 결여된 채 단지 감정노동의 결과변수를 밝히려는 이러한 시도는, 자칫 서비스직 종사자들이 당면한 다양한 현실 문제를 비가시화 시킬 수 있어 문제가 된다.

이러한 학술적 연구뿐만 아니라 법제도적 측면, 사회문화적 측면에서도 서비스직 종사자들을 소진에 이르게 하는 업무상 고충을 단순히 감정노동 차원에서 설명하는 논의가 늘어나면서, 해당 종사자들이 겪는 실질적 어려움은 모두 감정노동의 문제로 치환되고 있다. 그러나 그마저도, 이때에 언급되는 감정노동의 내용은 사실상 작업장 폭력의 문제인 경우가 많다.

그러나 진짜 '문제'가 무엇인지는, 상담원들의 노동 과정에 대한 정확한 이해를 통해서만 드러날 수 있다.

*(OO카드는 왜 그만둔 거예요?)*
그때는 스트레스. 근데 이게 확실히 콜센터가, 모든 일이 그렇겠지만 스트레스가 가중되잖아. 어우~ 분노가 내가 많이 차 있던 거 같애. 요즘도 가끔 그럴 때가 있는데 그거는 이제 내가 생각하기 나름인데, 그런 게 힘든 거 같

애. 콜센터가 쉬는 시간이 없잖아. 그리고 혼자 하는 일이면 쉬는 시간이 없어도 혼자 멍 때리거나 혼자 앉아서 쉴 수 있단 말이야. 자리에 앉아서 다른 생각을 하든지 조금 일하는 척하면서 쉬는 게 있잖아 분명히.

*(당연하지.)*

모든 일이 그렇단 말이야. 근데 이건 그럴 수가 없어 하루 종일. 그런데 쉬는 시간 자체가 따로 없어. 그러니까 업무적으로 스트레스가 있고, 그리고 내가 잘못하면 내가 다 책임져야 되잖아.

*(무서워 죽겠어.)*

약간 이게 어떻게 보면, 교육이 그마만큼 정상적으로 이루어지지 않은. 약간 이게 생산성에 가까우면서도 어려우니까 문제가 되는 거야.                    [사례 2]


실질적 노동 현장에서, 콜센터 상담원의 '소진'은 고용 형태로부터 기인하는 높은 노동 강도와 열악한 근무 환경, 상담 지식 습득의 어려움, 오랜 시간 감정노동을 수행하면서 겪게 되는 감정 소외의 문제, 작업장 폭력의 문제로부터 발생하는 정신적 스트레스 등이 모두 연결되는 복합적인 문제이다. 그러나 이들이 당면한 어려움이 단지 감정노동의 문제로 설명될 때, 이들이 경험하는 실질적 고충은 비가시화될 수밖에 없다.

실제 필자의 3개월 동안의 콜센터 참여관찰 경험은, 당초 연구의 목적을 떠나, 필자의 삶에 두고두고 많은 에피소드를 남기는 인생 공부가 되었다. 사실 초기 한 달을 제외하고, 참여관찰의 명분은 오로지 '버티는 것'에만 집중되어 있었다 해도 과언이 아니다. 입사한 지 한 달이 지나자, 도급사 간 실적 경쟁으로 인해 밀려오는 실적 압박과 잘못된 응대로 부메랑처럼 돌아오는 민원의 스트레스는 실로 상당했다. 물론 매스컴에서 보도되는 대로, 작업장 폭력의 문제 또한 심각했다. 필자 역시, 전화가 연결되자마자 다짜고짜 "미친년들아, 사과해!"라고 욕설을 퍼붓는 고객의 전화를 받은 적이 있다. 하지만 차라리 이런 황당한 욕설을 퍼붓는 고객의 전화는 그나마 버틸 만했다. 부족한 업무 지식과 응대 실수로 인해 발생하는 민원이나 그로 인한 폭언은, 그야말로 공포 수준이었다. 누군가로부터 다짜고짜 욕설을 듣는 것은 억울한 것이 당연하겠지만, 그렇다고 자신의 잘못된 응대로 인해 민원이 발생하거나 폭언을 들었을 경우에도 분하지 않은 것은 아니었다. 신입 직원에게 방대한 업무 지식을 습득할 만한 충분한 시간이 주어지지 않았던 것은 물론이고, 설사 어떠한 경우에도 근로 현장에서 근로자에 대한 폭력이 정당화될 이유는 없기 때문이다.

그런데 왜 유독 콜센터 상담원은 작업장 폭력에 쉽게 노출되는가. 사람들은 콜센터에 전화해서 어떤 문의를 할 때, 자신이 굉장히 '쉽고', '기본적인 것'을 묻거나 요구한 것 같은데 왜 상담원이 한번에 답을 주지 못하는가에 대해 답답해하고, 쉽게 화를 낸다.

그러나 고민해볼 필요가 있을 것이다. 왜 사람들은 자신이 해보지 않은 어떤 일을 쉽게 '별것 아닌 일'로 치부해버리는가. 또한 우리는 사적인 공간과 공적인 공간에서 무수히 많은 사람들을 만나며 생활하지만, 그 만남의 과정에서 누군가에게 그렇게 쉽게 화를 내지는 않는다. 그렇다면 사람들은 어떤 대상에게 쉽게 화를 내는가. 사실상 그것은 그 일을 수행하는 사람, 즉 서비스직에 종사하는 여성에 대한 낮은 사회적 인식과 무관하지 않다.

서비스직 종사자의 감정노동 수행으로 인한 스트레스가, '사회적 문제'로 대두됨에 따라, 최근 서비스직 종사자를 보호와 치유의 대상으로 규정하고, 이들의 치유를 기업이 제도적으로 지원하려는 움직임이 일고 있다. 최근 서비스 산업 내에서 유행하고 있는 심리 상담 지원 프로그램과 각종 교육 프로그램, 힐링 캠프 등이 그것이다.[4] 그러나 많은 기업에서 일종의 대안으로 제시하고 있는 이 같은 상담, 교육 프로그램이나 캠프 등은 실질적으로는 직원들에 대한 일회성 복지 혜택인 경우가 많다. 다만 감정노동 문제의 심각성과 이에 대한 해결을 촉구하는 사회적 분위기 속에서, '진짜 문제'가 무엇인지를 외면한 채, 힐링이라는 키워드를 적용한 근시안적이고도 뜬금없는 대책들을 내놓고 있는 것이다. 이러한 일회성 감정노동 대응책들이 서비스직 종사자들이 당면한

---

4 「감정노동 근로자 힐링해 드려요」, 『매일경제』 2014.6.25 참조.

문제의 해결책을 포괄할 리는 만무하다.

이들이 당면한 문제가 그 각각의 정확한 이름으로 불려질 때, 비로소 우리는 그 각각의 진짜 문제에 대한 해결책을 고민해볼 수 있을 것이다. 이제 우리는 감정노동의 문제가 아닌, 서비스직 종사자들이 당면한 고용 형태와 열악한 근로 환경의 문제, 작업장 폭력의 문제, 평가절하된 직무 전문성의 문제에 집중할 필요가 있다.

# 제6장

# 감정노동 논의 바로잡기
## :직무 수행 요소로서의 감정노동

Emotional Labor,
The Trap In Its Name

무엇을 '노동'으로 볼 것인가에 대한 우리의 인식은 끊임없이 변화하고 있다. 육체노동과 정신노동으로 이분화되었던 기존의 노동 개념이 현대인이 수행하는 모든 노동을 설명해내지 못한다는 문제의식은 노동 개념 확장의 필요성으로 이어졌다. 그리고 이 과정에서 감정노동은 서비스 산업 종사자들이 수행하는 '또 하나의 노동'을 설명해내는 중요한 개념어로 등장하게 되었다. 과거 이름 붙여지지 못했던 서비스직 종사자들의 친절함과 웃음을 감정노동으로 명명한다는 것은, 그 일이 더 이상 당연하거나 자연스러운 것이 아닌, 그 노력에 대한 정당한 보상과 인정이 필요함을 의미하는 것이다. 따라서 감정노동에 대한 명명은, 감정노동을 수행하는 대인 서비스 노동에 대한 가치의 제고를 요구하는 의식적인 움직임으로 해석될 수 있다.

그러나 서구 사회에서 이와 같은 의도에서 개념화된 감정노동은 한국 사회에서 다소 왜곡된 방식으로 정착, 사용됨으로써 오히려 서비스직 종사자들이 수행하는 노동에 대한 평가절하를 양산하였다. 감정노동이 서비스업 종사자들이 수행하는 주요한 직무 수행 요소 중 하나로서가 아닌, 이들의 직무 특성을 대변하는 범주적 개념어로 사용되기 시작하면서, 서비스 노동의 다양한 직무 요소들이 오히려 감정노동이라는 이름 뒤로 숨어버리게 된 것이다.

그 결과 한국 사회에서 감정노동은 의도한 명명의 효과를 거두지 못한 채, 서비스직 종사자들이 당면한 다양한 사회문제를 포괄하는 문제적 용어로 자리매김하게 되었다. 즉 한국 사회에서 감정노동 개념은 모순적이게도 해당 노동에 대한 가치의 제고가 아닌, 가치 절하의 기제로 작동하게 된 것이다. 이러한 현상은 특정 노동에 대한 단순한 명명이 반드시 그 노동에 대한 가치의 제고를 담보하지 못한다는 것을 보여주었다. 그리고 이러한 사실은 감정노동이 서비스직 여성 노동의 가치를 제고하기 위한 유용한 개념으로 자리 잡도록 하기 위해서는 특정한 조건이 필요함을 확인시켜준다.

그렇다면, 지금까지의 연구 결과를 바탕으로 감정노동 개념이 서비스직 노동에 대한 정당한 직무평가를 가능하게 하는 유용한 개념으로 자리 잡도록 하기 위해 필요한 조건을 모색해볼 수 있을

것이다. 이는 필자가 제언하는, 한국 사회 감정노동 논의의 나아
갈 방향이기도 하다.

먼저, 감정노동은 기존 노동 개념의 한계를 보완하고 현대사회
의 노동을 설명해내는 주요한 직무 수행 요소로 개념화되어야 한
다. 감정노동은 현재와 같은 특정 직종이나 특정한 근로의 형태를
지칭하는 범주적 개념이 아닌, 직무의 내용을 구분하는 주요한 직
무 수행의 요소로서 논의되어야 할 필요가 있다.

둘째, 감정노동의 가시화는 해당 노동의 구체적 직무 과정 안
에서 논의되어야 한다. 그동안 여성들이 집중적으로 진출한 많은
노동이 평가절하되어왔던 이유는, 노동시장의 성차별적 통념으
로 인해 해당 노동에 대한 정확한 이해가 결여되었기 때문이다.
이는 여성들이 집중적으로 진출해 있는 직종의 구체적 노동 과정
이 가시화되지 않았던 것, 이로 인해 해당 직무에 대한 정확한 평
가가 이행되지 못했던 것과도 연결되는 문제이다. 따라서 감정노
동의 가시화는 단순히 감정노동 그 자체가 아닌, 감정노동을 수
행하는 해당 직종의 구체적 직무 과정 안에서 논의되어야 할 필
요가 있다.

셋째, 감정노동에 대한 인식이 제고되어야 한다. 이를 위해서는
감정노동에 대한 올바른 개념 정립이 선행되어야 하고, 감정노동
의 결과뿐 아닌 감정노동의 과정과 내용에 관심을 기울일 필요가
있다. 그동안 감정노동에 대해 다룬 많은 연구는 주로 감정노동

수행의 '결과'에 집중해왔다. 그러나 감정노동을 단순히 근로자의 소진과 소외를 야기하는 사회문제로 해석하지 않고 숙련을 요하는 노동의 한 요소로 개념화하기 위해서는, 감정노동의 결과뿐 아닌, 감정노동의 구체적인 '과정'과 '내용'에 대한 이해가 선행되어야 한다.

넷째, 감정노동에 대한 적절한 보상 방법이 제시되어야 한다. 노동의 가치에 대한 인정은 그 노력에 상응하는 보상으로 이어지기 마련이다. 이때 감정노동은 그 노력의 여부를 단순히 '고객 만족'과 같은 특정 결과로 평가할 수는 없는 특수성이 있다. 따라서 기업체의 이익 중심의 보상이 아닌, 근로자들이 수행하는 감정노동 과정 그 자체에 대한 합리적 보상 방법이 모색되어야 할 것이다.

이러한 조건들은 모두 감정노동의 정교한 개념화와도 연결되는 부분이다. 정교한 개념화란 단순히 감정노동을 어떻게 '정의'할 것인가의 문제뿐 아니라, 감정노동의 개념을 어떻게 '사용'할 것인가의 문제와도 연결되기 때문이다. 이 책은 구체적인 서비스직 노동의 사례를 통해 감정노동의 실질적 내용을 확인하고, 나아가 감정노동 개념의 올바른 사용에 대한 조건을 제시하고 있다. 추후 감정노동과 관련해서는 적절한 보상 방법 제시 등과 같은 보다 구체적인 논의가 진행되어야 하겠지만, 이 책이 서비스직 노동 전반 및 감정노동 개념에 대한 왜곡된 이해를 바로잡고, 또 향후의 논의들에 불을 지피는 작업의 일환으로 이해되고 또 활용될 수 있기를 바란다.

## 1. 국내 논문 및 단행본

강한철, 「컨택센터 상담사의 감정노동, 직무 소진, 자기효능감, 이직의도 간의 관계 연구 : 슈퍼리더십의 조절효과를 중심으로」, 『기업경영 연구』 제21권 제6호, 2014, 61~80쪽.

강현아, 「간호전문직 노동의 변화-감정노동의 강화」, 『경제와 사회』 제55 권, 2002, 142~168쪽.

고미라, 「감정노동의 개념화를 위한 일 연구 : 서구 이성중심적 노동개념 비판」, 이화여자대학교 여성학과 석사학위 논문, 1995.

―――, 「노동 개념 새로 보기 : 감정노동의 이해를 위한 시론」, 조순경 편, 『노동과 페미니즘』, 서울 : 이화대자대학교 출판부, 2000.

국가인권위원회, 『콜센터 텔레마케터 여성비정규직 인권 상황 실태조사』, 2008년도 인권상황실태조사 연구용역보고서, 2008.

그린텔 · 그린CS컨설팅, 『콜센터운영 실무노하우와 활용설계』, 서울 : 한 국생산성본부, 2010.

김미주, 「노동과정을 통해본 성별임금격차에 관한 사례연구 : 섬유제조업 에서의 숙련수준 분석을 중심으로」, 이화여자대학교 여성학과 석사학위 논문, 1988.

———, 「성, 숙련, 임금」, 조순경 편, 『노동과 페미니즘』, 서울 : 이화여자
대학교 출판부, 2000.

김민주, 「호텔종업원의 감정노동이 직무관련 태도에 미치는 영향」, 『관광
학연구』 제21권 제2호(통권 25호), 1998, 129~141쪽.

김양지영, 「여성 노동 비정규직화 기제의 성차별적 성격에 관한 일 연구 :
호텔 산업 사례를 중심으로」, 이화여자대학교 여성학과 석사학위
논문, 2005.

김양희 외, 『서비스직 여성 근로자의 직무스트레스 실태 및 관리방안』, 한
국여성개발원 연구보고서, 2006.

김왕배, 「작업장 폭력 : 직무환경의 영향을 중심으로」, 『형사정책연구』 제
20권 제2호, 2009, 173~201쪽.

김은민, 「감정노동 : 조직의 감정 표현 규범에 관한 질적 연구」, 연세대학
교 경영학과 석사학위 논문, 1995.

노순규, 『갑을관계와 감정노동의 해결』, 서울 : 한국기업경영연구원, 2015.

류숙진, 「대인 서비스 직종의 감정노동 관리와 노동자 반응 : 패스트푸드
점, 보험사, 콜센터를 중심으로」, 경북대학교 사회학 박사학위 논
문, 2012.

박찬임 외, 『서비스산업의 감정노동 연구 : 판매원과 전화상담원을 중심으
로』, 서울 : 한국노동연구원, 2012.

박홍주, 「판매여직원의 감정노동에 관한 일 연구 : 서울시내 백화점 사례
를 중심으로」, 이화여자대학교 여성학과 석사학위 논문, 1995.

———, 「판매직 감정노동의 재평가」, 조순경 편, 『노동과 페미니즘』, 서
울 : 이화여자대학교 출판부, 2000.

신경아, 「감정노동의 구조적 원인과 결과의 개인화 : 콜센터 여성 노동자
의 사례연구」, 『산업노동연구』 제15권 제2호, 2009, 223~255쪽.

감정노동, 그 이름의 함정

윤은형, 「호텔 서비스 종사원의 감정부조화, 탈진감이 역할 내외 고객 서비스에 미치는 영향 : 경력기간, 자기효능감을 조절변수로」, 경기대학교 호텔경영학과 박사학위 논문, 2007.

이병훈 외, 『콜센터의 고용관계와 노동문제』, 한국노동연구원 정책연구보고, 2006.

이상민, 「문화콘텐츠산업의 직무 분석 사례 : 애니메이션을 중심으로」, 『노동리뷰』, 통권 제3호, 한국노동연구원, 2006, 38~49쪽.

이수연, 「콜센터 상담원의 감정노동과 감정소진 및 이직의도에 관한 연구」, 호서대학교 벤처전문대학원 정보경영학과 박사학위 논문, 2008.

장세진 외, 『한국형 감정노동 및 작업장 폭력 평가도구 개발』, 안전보건공단 산업안전보건연구원 연구보고서, 2013.

정경아, 「여성주의적 직무평가를 위한 연구 : 청소원과 경비원의 직무비교를 중심으로」, 이화여자대학교 여성학과 석사학위 논문, 2000.

정진주 외, 『감정노동의 시대, 누구를 위한 감정인가?』, 사회건강연구소 기획, 경기 : 한울엠플러스(주), 2017.

정형옥, 「텔레마케터(telemarketer)로 일하는 여성 노동자의 노동 경험」, 『성평등 연구』 제9권, 2006, 167~212쪽.

조수진, 「서울시 감정노동 종사자 보호 조례안의 내용과 법적 쟁점」, 『서울특별시 공공부문 감정노동 종사자의 보호에 관한 조례 제정을 위한 공청회』, 공청회 자료집 발표문, 2015.9.10.

조순경, 「직무평가 제도의 가능성과 한계」, 『사무직 여성』 통권 제5호, 한국여성민우회, 1991, 1~7쪽.

──, 「신인력 정책과 여성 노동」, 『산업노동 연구』 제2권 제2호, 1996, 125~158쪽.

──, 『노동의 유연화와 가부장제』, 서울 : 푸른사상사, 2011.

채수석, 「고객센터 상담사의 감정노동이 직무 스트레스에 미치는 영향」, 전남대학교 전자상거래협동과정 석사학위 논문, 2013.

한국콜센터산업정보연구소, 『국내콜센터산업 기초통계』, 2004.

한상근 외, 『한국의 직업지표 연구(2012)』, 한국직업능력개발원, 2012.

한상록 외, 『콜센터 산업 실태조사 및 정책연구』, 정보통신산업진흥원, 2010.

## 2. 국외 논문 및 단행본

Ashforth, B. & Humphrey, R., "Emotional Labor in service roles: The influence of identity", *Academy of Management Review*, Vol.18, No.1, 1993, pp.88~115.

Bain, P. et al., "Taylorism, Targets and the Pursuit of Quantity and Quality by Call Centre Management", *New Technology, Work and Employment*, Vol.17, No.3, 2002, pp.170~185.

Brody, L.R. & Hall, J.A., "Gender and emotion in context", *Handbook of emotions*, New York: The Guilford Press, 2008, pp.395~408.

Grandey, Alicia, "Emotion Regulation in the Workforce: A New Way to conceptualize Emotional Labor", *Journal of Occupational Health Psychology*, Vol.5, No.1, 2000, pp.95~110.

Hochschild, Arlie, *The Managed Heart: Commercialization of Human Feeling*, 1983[『감정노동 : 노동은 우리의 감정을 어떻게 상품으로 만드는 가』, 이가람 역, 서울 : 이매진, 2009].

Khan, Muhammad Asif, "Impact of Emotional Labour on Emotional Exhaustion, and Moderating Role of Social Support: An Empirical Study on Hospitality Industry in Pakistan", *Actual Problems of Economics*, Vol.

131, No. 5, 2012, pp.29~321.

Macdonald, C. & Sirianni, C., "The Service Society and the Changing Experience of Work", *Working in the Service Society*, Philadelphia: Temple University Press, 1996, pp.1~26.

Mathur, Garima & Nathani, Nativa & Sarvate, Shweta, "An Emotional Antecedent to Stress at Work in Health Care", *Advances in Management and Applied Economics*, Vol.3, No.1, 2013, pp.1~10.

Morris, J.A. & Feldman, D.C., "The Dimensions, Antecedents, and Consequences of Emotional Labor", *Academy of Management Review*, Vol.21, No.4, 1996, pp.986~1010.

Opengart, Rose, "Emotional Intelligence and Emotion Work: Examining Constructs From an Interdisciplinary Framework", *Human Resource Development Review*, Vol.4, No.1, 2005, pp.49~62.

Simpson, P.A. & Stroh, L.K., "Gender Differences: Emotional Expression and Feelings of Personal Inauthenticity", *Journal of Applied Psychology*, Vol. 89, No. 4, 2004, pp.715~721.

Taylor, P. & Bain, P., "An Assembly Line in the Head: Work and Employee Relations in the Call Center", *Industrial Relations journal*, Vol.30, No.2, 1999, pp.101~117.

감정노동, 그 이름의 함정

# 감정노동,
# 그 이름의 함정